AQUARIUS

AQUARIUS

AQUARIUS

AQUARIUS

後青春 Restart

後青春，更超越青春。
從心理、健康、照護，到尊嚴的告別，
我們重新啟動一個美好的人生後半場。

陳乃菁醫師／副教授

（高雄長庚神經內科系主治醫師、前智能與老化中心主任）

【推薦序】

我們與父母，同舟一命

朱為民（臺中榮總健康管理中心主任）

乃菁醫師跟我有很多相似的地方：

一、我們都畢業於國防醫學院。

二、我們都喜歡照顧老年人。

三、除了病人，我們也關注照顧者的負擔和壓力。

因此，當我看到乃菁醫師的新書《「這樣安排是為你好！」——照顧父母的25個盲點》書稿，內心不知有多麼開心。過去跟照顧者有關的書籍，常常主軸是醫療專業，談要給老年人吃什麼、要怎麼運動、如何才達到無微不至的照顧；不然就是關照照顧者的內心與壓力，描述照顧者面對多少辛苦，要如何紓壓或是處理等等。而乃菁醫師的這本書很不一樣，可以說，終於有一本書，來告訴我們，身為照顧者，面對老年人的互動方式、行為、言語，應該要怎麼做。

在寫推薦序的幾個禮拜的時間，其實我自己也面臨著，母親健康狀態的下滑。六十九歲的媽媽之前都很健康，除了關節有時疫痛以外，沒什麼大病痛。最近幾個月，媽媽卻常常抱怨，胸口有點悶、呼吸有點急促。我總是跟她說：「要多休息。」一直到有一天，她真的變得很喘，我趕緊叫她去急診室。一看，已經出現了初期心衰竭和肺水腫的症狀。

身體有了問題，當然要開始治療。媽媽自此以後，每天吃的藥增加了許多，而吃藥初期的狀況不是很穩定，所以常常又喘起來，又要跑到急診去。

我是家中獨生子，對我而言，最辛苦的並不是那些臨時的突發狀況，而是開始意識到「媽媽的健康跟以前不一樣了」這件事。想到這件事，我內心經歷了天翻地覆的改變。一開始，是有點自責：「我是不是漏了什麼？是不是應該要更注意什麼地方？是不是讓媽媽太累了？」接下來，是開始擔心：「接下來會不會愈來愈壞？如果藥物控制不好，怎麼辦？如果其他器官也出狀況，怎麼辦？」最後，我發現我的言語和行為，開始變得愈來愈具指使性、權威性：

「媽！要按時吃藥喔！」

「媽！不要吃太鹹啦！」

「媽！不要太累！要多休息！」

「媽！不是叫你不要做家事了嗎？怎麼又洗衣服？」

我和媽媽的溝通，曾幾何時，變成如此命令、如此尖銳，有時甚至帶著情緒。回顧起來，我和我兒子乖寶的對話，常常也是如此：「快去吃飯！」「怎麼還沒洗澡？」「趕快去睡覺！」

靜下心來的時候，我常常想，面對長輩的態度和面對孩子是相同的，但這樣是對的嗎？

乃菁醫師書中，幾乎都是探討這樣的狀況。第三篇中的女兒，對著爸爸怒吼：「如果你都不吃藥，那就乾脆去死一死好了！」這樣的言語，讓我膽戰心驚。但仔細一想，儘管我對媽媽的話，並沒有如此尖銳與冷酷，但其中隱含的意思都是一樣的，那就是：

「我是為你好，所以你要聽我的。」

台灣是一個高齡社會，到二〇二五年，我們有五分之一的人，都是老年人，我每天的門診也面對非常多老年人和他們的家屬。其實我發現，老人家即使是動作慢了、思考慢了，但是他們依然很有智慧，甚至多數的老人家是可以為自己做出負責任的決定。只是，身為年輕一輩的我們，有沒有關注到老人家的感受？他們的情緒？他們的價值觀？他們的決定？我們如何探詢、理解並支持老人家的決定，也許是兩代之間開啟一段新的對話的關鍵。

我常常講一句話：和老年人相處，是一輩子都要學習的功課。這個功課，我自己也在學，其實不容易。身為照顧者，要隨時觀照自己的情緒、言語和行為，也要關心老人家的想法和觀念。在之中取得平衡，需要有很多的練習和引導。不過幸好，我們有乃菁醫師。

乃菁醫師是高雄長庚智能與老化中心主任，平時的工作就是治療與照顧老人家，也關心老年人的家屬和照顧者。這次她特別整理了二十五個我們常常無意識中犯下的照顧盲點，我讀完後，也覺得收穫非常多。透過乃菁醫師提到的一些改變的方式，我發現，和媽媽之間的溝通，也變好了。

寫推薦序的時刻，也正是台灣疫情升級的時刻。街頭瀰漫著恐懼，大家都很緊張。網路上出現了這樣的口號：「團結抗疫、同舟一命。」看到這樣的標語讓我想到，其實，我們與父母親，不也是同舟一命嗎？小的時候，父母照顧我們；父母老的時候，我們照顧他們。我們都是同一條船上的人，而引領那艘船前進的，是雙方對彼此滿滿的愛。

【自序】
尊重和相信，會幫助我們找到答案

很多人問我：「醫師就該治病，醫師怎麼會對照顧產生興趣呢？」如果我沒有走入社區，我只是待在醫院病房、待在診間裡，關在白色象牙塔之中，遵循著各種疾病標準治療指引，使用多少點滴、藥物起始劑量，隨著治療效果不佳，逐漸增加最高劑量。我應該是治病的醫師吧！但是，我走入了很多人的家裡，原來治療指引是把這次疾病治好，可是，他還是會不停地住院，只是因為沒有找到照顧他的方式。於是，我開始對每個家庭的互動及照顧產生興趣。開始探究家庭照顧模式之後，發現照顧這麼難，主要源自於每個家庭過去的教育、互動、生命事件都完全不同。

面對疾病，可以去google尋找標準照顧方式，比如關於高血壓，可以減重、飲食少鹽及多運動。可是，在照顧的執行上，卻不是說這樣做就這樣做的。孩子有他的想法跟做法，父母也有自己的想法跟做法，雖然都是為了爸媽好，爸媽也為了自己或是小孩好，但卻還是產生了衝突，甚至還增加了藏在心中不想說的傷。

舉個例子來說。生病的父親長年來在商場上叱吒風雲，他以謹慎的態度打拚出生意、用商場上賺來的錢養育兒女，很自然地，兒女們自小起就從父親身上學習到金錢的使用方式。如今父親因為年紀大而出現退化狀況，他的孩子們也挺孝順的，都願意好好照顧他，只是隨著照顧天數增加，老爸爸想要吃什麼或買什麼，不知不覺中，變成都要靠孩子們買來後帶給他。

他的孩子向我抱怨：「我的爸爸好難搞，整天就只想著用各種方式從我這裡要錢。我們都怕他亂花錢啊。」

老爸爸不服氣：「我從年輕到老一直賺錢養你們、栽培你們，從來沒有為自己亂花一點錢。就算我現在亂花錢，又怎麼樣呢？」

孩子說：「爸爸啊，我會把你的錢管好，好好照顧你。請你現在起，都要聽我的。」

這樣的紛爭對我來說，是早已看習慣了。在他們之前，也有不少親子間爆發類似的口角。

我忍不住勸年輕一輩：「看來你爸爸年輕時對錢的掌控習慣，完全傳承給你們了呢。只是現在的你們，用他傳授的道理來控制他，讓他好痛苦啊。」

我希望他們能聽懂造成老人家不舒服的關鍵，源自於老父親長年來教導孩子們要緊緊把錢掌控在自己手中的生活方式。只是年輕時的他，應該怎麼也沒想過，有一天這樣的教育方式會讓自己受苦吧。

其實，在我們的社會中，以這樣的心態來照顧家中年長者的方式是很常見的。**我相信子女們照顧父母多是基於關愛的，但一不小心很容易超出界線，而不自覺，變成了「愛」少一點，但「關」多一點**。

子女們不自覺地把老病衰的父母看成沒有自主能力的孩子，或是乾脆擺起來，當家中太上皇般地讓家中大小事都不入他的耳朵，**殊不知「不讓老人家因知道而操煩」的善意，卻也可能變成「不想讓老人家煩惱，所以什麼都不告訴他」的控制**。反倒造成家中長輩只能被動地接受子女們為他做的決定，沒辦法參與事前的討論過程，更無法透過討論來表達自己的愛惡和心意。

我常提醒子女們，這樣的方式並不是好的照顧方式。子女和父母間，即使因為年老病痛上身，造成老父母需要仰賴子女協助的地方多了點，但他們依然是獨立的個體，他們仍然有表達自己想法的需求，因此照顧者和被照顧者間、子女和父母間，需要彼此尊重、共同營造一個能好好討論彼此想法的空間。討論時，也要理解對方的難處，以開放的心態，讓討論不要落入非此即彼的僵局，也不要落入慣性思考，認為「你都不懂、聽我的就對了」。一旦失去對彼此的尊重與包容，就容易讓討論變成親子間的情緒衝突，反而無法看見真正的問題所在了。

對我們的上一代來說，他們養兒育女時，多著重在賺錢養家的思維。那個年代少有人談親子教養的理念，因此許多父母多半是以「我說，你聽」的方式養大孩子。現在換我們當父母了，生活上較有餘裕思考如何與孩子們互動，畢竟親子間的互動模式，將影響我們晚年時從孩子們那邊接收到的照顧模式。可是許多年輕父母對此還少有警覺。很多時候，會不自主地複製上一代的方式。

於是，許多家庭會落入世代間的相同循環，父母親控制著孩子自小起的一舉一動：何時起床、何時上補習班，甚至交友方式等，莫不鉅細靡遺。但**這樣的方式**

會在不自覺中傳承給孩子們，讓他們有一天自動地將父母的生活作息表握在手上，從飲食方式到睡眠時間、從運動頻率到金錢用度，成為一種出於愛，但終究相互怨責的照顧模式。

因此，我總希望大家都能體認每個人對生活方式、金錢管理，甚至面對死亡等人生大小事，都有各自的想法。我們應該勇於表達自己的意念，但也該尊重別人的自主權，即使親如父母和子女間，都要記得，沒有人能代替另一個人生活。當大家都能盡力做到相互了解和彼此尊重時，父母與子女間就能減少衝突與傷害，但增加更多愛護與感謝。

如果有一句一定要提醒子女的話，那我想說：「讓我們開始將『尊重』兩個字放回親子關係之中吧！」若年輕父母在照顧年幼孩子時能做到，日後，當成年兒女照顧高齡父母時，就能記得當初自己歷經過的照顧過程，願意帶著相同的態度，進入長期照顧。

就如電影《愛無盡》中，讓我一直深為羨慕的情節：故事中的老夫妻進入老年，老太太確診失智，老先生決定自己蓋一間房子，讓妻子居住。他們的兒女們先是勸說，但知道老父親心意已決後，依然放手讓他去做。用默默協助與支持的方式，幫助老父親以自己的方式來陪伴失智的母親。

這部影片讓我看見孩子對父母的愛有許多表現方式，**其中最難的一種，或許是能放手，讓他們在晚年以他們想要的方式生活**。正如影片中所表現的，老先生或許會在建造房屋的過程中受傷，但這是他思考良久後決心要做的事。相比之下，每個生命都有結束的一天，但在終點到來前，每個人都有夢想想要實現，不管是大到建造房屋或環遊世界，甚至小到每天吃點垃圾食物的小確幸，**只要感覺自己過著自己想要的生活、能實現自己想要做的事情，那就是生命活力的來源了**。

希望兒女們在照顧父母的同時，能提醒自己，別讓照顧成為愛的枷鎖，因為老父母的年齡，不該是限制他們自主與夢想的唯一理由。

本書的完成，我想謝謝每個願意跟我分享除了疾病之外的生活甘苦的病人及家屬們，長庚醫院神經內科的醫師、護理師、居家護理師，還有高雄長庚失智共照中心的各位夥伴們。當然還有很多很多，我最親愛的媽媽，還有我的先生一路支持及可愛的兒子、女兒們。最後，謝謝很鼓勵人的純玲，提供簡短又有支持性的話語：「好喔！感謝啊！很棒喔！」然後，我就一直繼續努力寫著照顧的故事，直到出版。希望大家可以在書中，找到屬於自己跟父母最佳的互動模式。

目錄

目錄

目錄

目錄

盲點1：老爺爺包了尿布，卻再也走不出家門

▼長輩晚年的照顧問題不只藥物，更需了解個性與心態

我的許多巴金森氏症病人都有身體僵硬的狀況，通常家屬的理解會是疾病導致身體變化。但大家照顧久了會忘記除此之外，還有許多因素可能會導致患者身體僵硬。讓我舉黃伯伯的例子來說明。他是尋求第二意見來我診間的。

黃伯伯尿床後，全身變得很僵硬?!

黃伯伯頭一回來到醫院，是由他的兩個兒子和一個女兒一起帶來的，他們說：「爸

爸確診巴金森氏症已經三年了，這期間配合醫生開的藥服用，的確有一定的效果，可是有時候還是會突然身體就僵硬起來，好像怎樣吃藥都沒辦法改善。」

兒女們頻頻嘆氣：「爸爸身體一僵硬，就什麼事都沒辦法做了。」

我查看黃伯伯的用藥狀況，發現到目前為止醫師開給他的藥都還算輕微，這也代表病情還沒到嚴重的地步啊。

於是，我問家屬們：「你們父親頂多應該只是動作變緩慢了，應該還不到不吃藥就不能動的地步吧？」

家屬們立刻反對，還紛紛舉例給我聽：「那天爸爸尿褲子，需要換褲子，但他整個人突然凍結起來，僵硬得不得了。」「他晚上尿床了，也會整個人躺在床上，變得很僵硬。」「我們在廁所幫他處理大小便的時候，他也會變得很僵硬，連移動一下都很困難。」

聽來聽去，**我都沒聽到僵硬的發生和「時間」有關，反而是和「狀況」比較有關聯**，於是忍不住問：「那麼，等你們幫爸爸清潔完後，他的身體是不是又變回柔軟、好動了？」

家屬們想一想，說：「好像是這樣喔。」

兒女們七嘴八舌討論老父親的尿溼狀況，熱烈到沒人留意安靜坐在一旁的黃伯伯。

黃伯伯僵硬的原因，令人心疼

我轉頭見他面無表情地坐著，似乎視而不見、聽而不聞，於是我問：「伯伯啊，你覺得自己身體怎麼樣？可以站起來走幾步看看嗎？」

黃伯伯一語不發地慢慢站起來，在診間小小走了一圈，雖然是小碎步式的慢慢走動，但在我看來，還算是能在不需要人扶持的狀況下自行順暢走動。

等他坐下後，我繼續問：「伯伯啊，他們說你變得很僵硬的狀況，你有感覺到嗎？」

黃伯伯看著我，一句話都不說。

我問：「伯伯啊，你因為尿尿了，必須被別人換褲子或是擦屁股，那時候是不是會害羞啊？是不是因為害羞到不知道該怎麼辦？」

這下黃伯伯開口了，他小聲地說：「我很緊張。」

包尿布對長輩來說，帶來巨大的內心傷害

此時，我懂了，看來黃伯伯是不擅於跟家人溝通的長輩，只好由我來開口。我對黃伯伯的兒女們招招手，請他們聽我說故事。

幾年前，我因為跑居家醫療而認識一位老爺爺，他開商店為業，店面後方就是他自己的房間，生活算是方便。可是後來他中風了。中風後的他，還能自己行走，只是速度變得很慢，常常來不及走到廁所就尿出來，於是家人就讓他包上尿布。

老爺爺乖乖包尿布，但自此後，他不走出房間，也不再往前方的店面去了。日子久了，他的話和表情變得愈來愈少，所有的身體和心靈反應都變慢。

我想家屬剛開始一定也以為老爺爺的退化是中風導致的後遺症，但我在居家醫療過程中，親自到訪老爺爺家，發現原來店面正後方就是他的房間，那當下，我驚覺到包尿布這件事情給這位一家之主帶來的內心傷害有多大。他一句話都不說，只是再也不想離開房間了。

我相信家屬當初請他穿上尿布是基於好意，心想不過是包上尿布，只要外面再套件褲子，就都沒人知道，一樣可以走到店面、照舊生活。

可是，**我們都不是當事人，我們不知道他心中的感受。**於是在不經意間，即使親如家人，都忘記了善意的舉動，也可能帶來傷害。只是**這種傷害是無形的，患者自己可能也不知道如何說出口。**

乃菁醫師讓老爺爺脫離尿布

老爺爺從沒正面承認過他對包尿布這件事情的介意程度，但既然我從事居家醫療，無論如何，我總是想讓患者嘗試脫離尿布。

於是，我協調醫護人員和家屬開始幫老爺爺做訓練，先從用復健褲取代尿布，接下來是訓練要自主性的每小時去上一次廁所，接著日間就不使用復健褲，靠著頻跑廁所解決問題，只有在夜間睡覺時才穿一下復健褲。

做到這個地步後，老爺爺終於願意再走到前頭的店面。他開始東看西看，不時跟來店裡的老客人、老鄰居聊天。他的話多了，臉上的笑容也回來了。

老父親的尷尬和心理打擊

故事說到這裡，我抬頭看看黃伯伯的三位兒女，他們臉上有若有所思的表情。

我進一步問：「大家多少都有在眾人面前演講的經驗吧？還記得第一次上台時，有沒有覺得自己手腳僵硬，就像一個機器人呢？所以我們的感覺會影響到我們的身體表現。當然，老人家也是這樣的。」

我沒說出口，但在那當下應該大家都已經體會到了。

老父親雖然需要兒女們的照顧，可是對當事人來說，他還是一個父親。當父親一輩子的人，現在要被脫衣脫褲，清潔身體，在尊嚴和權威上已經有所損失，更不要說還控制不住，尿在地上或床上。家人們在幫忙換尿布或床單的過程中，一定也需要他動動腳，或抬高屁股。

家人們可能只是急著將現場處理好，但對老父親來說，這其中的尷尬和心理打擊，真不是簡單幾句話就可以輕易帶過的啊。

想到這裡，黃伯伯的兒女們馬上你一言我一句的對老父親說：「爸爸，你別怕，我們都沒有嫌棄你的！」

看到這一幕，我真是又感動又好笑，其實這幾位都是孝順的兒女，在他們親手照顧的過程中，沒有嫌棄之心，老父親自己又怎麼會不知道呢？只是**尷尬就是尷尬，這是本能的反應啊。**

年紀大的人，應該每小時主動上一次廁所

於是，我再把家屬們的注意力抓回來：「太棒了！到這裡，我們算是達到初步的共識，接下來要做第二步，就是我們來想辦法幫助你們的父親不會尿床或尿褲子。」

我們先討論避免尿褲子這件事。我向黃伯伯說明其實每個人的膀胱有一定容量，**當年老了，膀胱內可以蓄積的空間變少是正常現象**，所以年紀大了的人應該要每小時主動上一次廁所，就算沒有尿意，也該嘗試著尿一下，這樣可以減少來不及趕到廁所而尿在褲子中的狀況。

我問：「黃伯伯，你願意每小時就去尿一次嗎？」

他的孩子們比他急著回答：「我們每次叫他去尿尿，他都說還不想尿，就不想去廁所了。」

我對家屬們搖搖手：「請讓伯伯自己說。」

被好幾雙眼睛盯著看的黃伯伯慢慢開口：「即使還不想尿，也要去廁所坐，對嗎？」

我點點頭：「是的，我家小孩念國小三年級，正是好玩的年紀，好幾次都因為玩得太瘋而忘記去上廁所，導致後來好幾次在衝往廁所的半路上就尿出來了呢，所以忍不住尿出來，與年齡無關，老人、小孩都一樣啦。一段時間就要主動去一下廁所尿尿。」

聽我這麼說，黃伯伯才終於點頭：「好，那就試試看。」

半夜換一次尿布

接著是夜間睡覺尿床的問題，家屬們說：「其實睡覺都有包尿布，可是包一整夜的尿量多，尿布吸收不了，會流到床上。」

我問：「那麼半夜換一次尿布，應該就解決了。為什麼要等到尿多到溢出來呢？」

聽我這樣問，家屬們露出恍然大悟的神情說：「對啊，我們怎麼都沒有想到。」

我說：「我們照顧小嬰兒的時候，也會半夜起床，看尿布上顯示的尿量多少的顏色來判斷尿布是不是該換了，對吧？既然照顧孩子會這樣做，那麼，照顧老人應該也是可以這樣做的啊。再說，**對我們成年人來說，本來就有習慣半夜要起來去上一次廁所，那就剛好起床尿尿時去巡視一下老人家的狀況**，趁機換一下尿布，就可以大大降低尿床的機率了。」

那天，黃伯伯一家開開心心地回去了。臉上少了擔心，但多了一種想要努力看看的決心。

我相信這是有心，也有愛的家庭，一定能讓黃伯伯受到更妥適的照顧，而這也是長期照顧裡面最珍貴的精神。

其實，在我看來，關於照顧長輩的晚年，醫療和藥物只能算是其中的小角色，更關鍵的因素，還是照顧者的心態和照顧知識。

只要我們能將心比心地去理解被照顧的長輩，根據他的個性，去應對照顧上的問題，更進一步採用合適的方法，做出生活上的調整與改變，那麼，對老人家、家屬和醫療單位來說，就能達到一舉數得、多方獲利的好結果喔。

醫生的交代愛注意

長輩使用藥物時，重要的注意事項：

1 吃藥就是希望改善某種症狀的，所以，我們要了解我們吃藥的目的。

如果吃藥是希望改善「抖動」，那麼，我們就要認真觀察吃藥前抖動的狀況，然後吃了藥後，抖動是否有改善？吃藥多久以後會改善，以及多久以後藥效就沒有了。

2 隨著疾病的進展，藥物本來就可能會需要增加劑量。舉例來說，如果飲食不改善，愈來愈胖又喜歡吃很鹹的人，當然血壓藥會從一顆變成兩顆、三顆……而如果減重、飲食習慣改變，也可能就不用吃血壓藥。所以，隨著年紀變大、身體各方面機能及飲食習慣改變，藥物的劑量也會因此而需要調整。

3 **藥物也有副作用**。每個藥袋上都寫很多副作用，但是寫出來的副作用不表示一定會發生。醫師不是神，沒辦法知道你體質所可能發生的副作用，所以**需要你自己或家人注意**，例如是否在吃藥後食慾不振、頭痛、頭暈、皮膚起疹子、拉肚子等等的副作用。

如果沒有任何的失眠、感冒引起的不舒服，只是一吃藥後就有明顯的某種不舒服，那麼就要趕快記錄起來，詢問醫師。

4 另外提醒，不要覺得是因為吃藥才把身體搞壞的，有時候是因為疾病的進展啊。

盲點2：怕王伯伯危險，看護把他綁在床上

▼照護不只是吃和睡，每個家庭都要摸索出改善之道

躺在床上的住院患者是年長的王伯伯。王伯伯的子女忙碌於工作，無法分身，所以每次當我查房到王伯伯床邊時，除了患者外，就是一個年紀輕輕的外籍看護阿尼。

我頭一回來看望時，王伯伯是手腳四肢都被綁在床上的狀態。那時，我一踏進病房，另一個身影幾乎同時跟著進入，我一看，是手上拿著剛買好早餐的外籍看護。

我問：「一定要把手腳都綁在床上嗎？」

外籍看護用不太流利的中文回答：「因為要去買早餐，病人不能去商店，所以只好

綁在床上。我怕他危險。」

從頭慢慢問看護

怕外籍看護聽不太懂中文，我把想問的問題拆成好幾個，從頭慢慢問起：「王伯伯為什麼住院呢？」

阿尼說：「阿伯都不睡覺，脾氣很壞。」

我問：「阿伯為什麼不睡覺？那他白天有沒有睡覺？平常活動做什麼呢？」

阿尼說：「白天就跟他去路邊走走。累了，就回家休息。」

聽到有出去走路，表示多少有在動，就是好現象，但運動量多少呢？

於是，我追問下去：「走路走多久？會不會跟別人講話、聊天？」

阿尼沒有回答，反倒問我：「醫生，你要不要跟老闆說話？老闆要跟你講電話。」

我說好，於是阿尼很快地幫我接通家屬。

幫王伯伯解開綁住手腳的約束帶

透過電話，我才知道原來王伯伯的女兒住在北部，只有住院和出院這兩個比較重大的關鍵時刻，會特地跑一趟南部來協助辦理。

無可奈何的我，只好直白地問清楚他們的需求：「王小姐，你也知道你父親是失智症患者，現在病情發展到這樣，你希望這次住院，醫療這端要照顧到什麼程度呢？」

電話中的王小姐這樣回答：「阿尼是全世界最好的外勞。我爸爸跟她住，只要我爸爸乖乖聽話，阿尼能讓我爸吃得下，生活很安全就很好。」

王小姐想一想，又對我再強調一個重點：「晚上要睡得著，很重要！」

我邊透過手機與家屬通話，邊看著王伯伯奮力地左踢右打，想掙脫綁住他手腳的約束帶，於是我趕緊幫他把帶子都拆開。

王伯伯是手腳自由了，但看得出來他因為被約束在床上這件事，氣到連話都不想講，拒絕回答我任何問題。

家屬只要王伯伯「乖乖的」?!

於是，我回到電話中，和王小姐討論使用約束帶的問題：「王小姐，你希望你爸爸乖乖的，可是乖不乖和睡不睡覺不見得直接相關啊。說起來，很多狀況都會導致睡不著。再說，你要老人家安靜的、不反抗，接受照顧，是可以搭配藥物使用，可是，**這**

樣用藥會造成老人家退化很快喔。」

王小姐的回答很坦白：「陳醫師，我真的不怕他退化。我真的只要他好照顧就好！」

看看眼前氣到誰都不搭理的老人家，我忍不住這樣說：「王小姐，聽起來你在乎的關鍵是只要外籍看護不抱怨，外籍看護覺得爸爸好照顧就好，對嗎？」

王小姐說：「阿尼很辛苦。我希望爸爸不要生氣，也願意晚上好好睡覺，讓阿尼晚上可以好好休息。」

即使是透過電話，我都能聽見她語氣中的無奈，所以我也不忍苛求，只能嘆口氣後，再次努力：「王小姐，我了解你很依賴阿尼照顧爸爸，可以說是你唯一的依靠了，但是除了做到讓爸爸吃和睡，你爸爸的喜好等其他生活安排，怎麼辦？」

王小姐還是簡短地重複：「我想要我爸爸活著。有人照顧他活著、有飯吃、安全，這樣就好。」

話說到這個地步，我也看懂這個家庭狀況了。

王伯伯需要的，是外籍看護有正確的照顧知識和態度

王小姐是家中主要擔負起照顧老父親責任的人，可是她與父親南北分居兩地，在南

部老家居住的父親只能倚靠外籍看護。這背後分析起來，一定有許多不得已的緣由。

可是來到醫院的是王伯伯，他是我的病人，也是我關心的重點。**王小姐的處理方式其實忽略了王伯伯是位失智患者，身旁需要有人懂得耐心觀察和理解他想表達的意思的人**，所以身處遠方的王小姐，雖然有透過電話視訊，遙控照顧父親的工作，但她並不了解失智患者是否真的被好好照顧了，而這絕對不能光用有沒有吃飯和睡覺來判斷。

我想王伯伯真正需要的，是跟著一起生活的外籍看護阿尼，獲得正確的照顧知識和態度。

從王伯伯的每日生活狀況，開始了解

於是，講完電話後，我就拉著阿尼，一起坐下來聊聊。我請阿尼先說一下王伯伯的每日生活狀況給我聽。

透過阿尼努力地描述，比手畫腳，我大致懂得了。王伯伯過去其實是會出門到巷口或廟中去找人聊天的，可是慢慢地，他不出門了。有時候，白天會長時間睡覺、不起床。有時候是兩天不睡之後，一睡就是一整天，幾乎很難找到睡覺的規律性。

老少兩人間長時間處於無話可說的狀態。阿尼雖是關心老人家，但真的也不知道可以做什麼，所以主要照顧還是放在為他清潔身體、準備三餐上，頂多就是注意看著他走路、避免跌倒。

白天，讓外籍看護帶王伯伯與老友聊天

我問阿尼：「如果你白天都在睡覺，到了晚上，還會想睡覺嗎？」

阿尼搖搖頭。

這下，阿尼也懂了要讓自己晚上能睡，就要先讓老人家晚上也會想睡覺，所以想辦法避免王伯伯在白天就躺著一直睡，就變得相當重要。

可是，要怎麼做呢？阿尼露出茫然又沒自信的表情。

於是，**我帶著阿尼討論，一起想辦法**。例如，白天時，阿尼可以主動帶王伯伯去巷口或廟裡，也**可以去鄰近地區老人多的地方**，多去個兩三次，**讓王伯伯遇見老朋友**。這些過去有交情的人，可以和王伯伯談談天，回味一下過去的記憶。

若找老朋友不容易，那麼**一起到公園、菜市場或大賣場走走逛逛**，也是好主意，總比阿尼硬是把大門反鎖，讓王伯伯自己在家。阿尼一邊掛心老人家的安全，一邊匆忙買菜、購物好多了。

失智患者不會沒事暴怒，是因為委屈或害怕等情緒

花了好多時間，討論如何避免老人家晚上不睡覺後，我們接著討論王伯伯常生氣這件事。

我問阿尼：「阿尼，你喜歡生氣嗎？」

阿尼立刻回答：「沒事的話，我為何要生氣呢？」

我點點頭：「對，所以一個人生氣了，就代表一定有什麼事讓人生氣了。」

我請阿尼往後若見到王伯伯生氣了，要先注意觀察，是不是王伯伯被勉強去做他不想做的事情，甚至他感覺自己被逼著一定要去做。

例如，王伯伯是不是被強迫去吃他不想吃的東西？是不是他還不想睡，但卻被要求去睡覺？或者他想出門，卻被阻止等等。如果是這樣，那麼，我們不要強迫他一定要做，他也就不會生氣了。

王伯伯是失智患者，但即使失智了，也不代表會沒事就暴怒。失智患者就和所有人一樣，都是因為感覺委屈了，才會想哭或生氣。只是有時候，身為照顧者的我們，並不了解觸發他們情緒的原因。

我這樣問阿尼：「你有小孩嗎？」

阿尼點點頭。

我說：「你照顧過小寶寶，有沒有發現小寶寶會因為想吃東西但吃不到，或者屁股濕了，但沒有人注意到該換尿布了，小寶寶感覺不舒服了就會大哭，現在王伯伯也是這樣的，所以**我們應該要注意他沒辦法說出來的需求。**其實有時候我們很心急，一不小心講話就大聲起來，可是王伯伯聽不懂，只感覺我們說話大聲是在對他生氣，他也會感覺有危險、忍不住害怕，但又不知道怎麼辦，所以他才發脾氣。**這時候的王伯伯是為了保護自己，才脾氣不好的。**」

就這樣，我們陸陸續續討論了許多。到了出院的前一天，阿尼學會了調整藥物劑量的方式，也學到許多照顧失智患者的方法。

我看著阿尼帶王伯伯一起走出病房的身影，衷心期望互相為伴的兩人在回家後，會有更好的相處方式。

細想這個家庭的狀況，王小姐因工作必須遠居北部，但她也為老人家聘雇了外籍看護，並申請居家醫療，我就曾透過居家醫療到王伯伯家中看望過，發現屋內環境乾淨、整潔，沒有異味，還有鄰居會不定時來探望，以及協助處理阿尼沒辦法處理的事情。

所以我雖然疑惑王小姐為何不把父親放在身旁，就近照料，但我也理解她的確也算盡心盡力了。

我接觸過太多家屬，都不如她這樣願意接電話和醫師討論、承擔醫療與照護費用。只是照顧失智患者，畢竟不是只有花錢和關心吃、睡就好，我們需要協助真正貼身承擔每一天照顧責任的人，懂得照顧的方法。

每個家庭都有自己的困難要處理。照顧沒有標準答案，但若大家都可以再多做一點，一定可以讓狀況有改善的可能，這才是對患者好、對外籍看護好，更是改善整體家庭相處狀況和維繫家人感情的方法啊。

後來，我又去王伯伯家，協助他藥物的開立及調整。我看到阿尼與王伯伯的互動及居家狀況，家中雖沒有美輪美奐，但也是乾淨、整齊，更沒有一直用約束帶綁著他的手。只是，王伯伯家裡附近實在沒有鄰近的廟宇或是鄰里長辦公室等活動中心，讓他聊天。我忍不住想，之前他們是走多遠去散步呢？但是現在，王伯伯坐在椅子上，看著女兒從北部寄下來的豬哥亮的光碟片。伯伯看著、看著，偶爾也會笑出聲，我想王伯伯的女兒與阿尼，也算是努力地找出王伯伯的照顧之道了。

醫生的交代愛注意

如何協助外籍看護照顧長輩？

1 **雇主（付錢的老闆）對待長輩的態度，就是外籍看護照護長輩的核心態度。**當我們重視我們的父母，時不時會在父母身邊噓寒問暖、耐心對待，外籍看護也會拿出一樣的態度來對待我們父母。

2 外籍看護說：「我們國家沒有那麼多老人！」所以，外籍看護對於長輩的認識及照顧完全來自於我們教他們的，因此，我們要教他們如何量血壓、如何安全的移位、洗澡等。每一個細節，我們都要親自確認，這樣才能確保我們與看護的認知相同，也才能安心地把長輩交給他們照顧。

3 當你真的很忙碌，並且家中只有老父親與外籍看護兩人同住時，有些人會選擇裝設監視器，以不定時的在遠端監測家中是否有異常狀況。

盲點3：她對爸爸怒吼：「如果你都不吃藥，那乾脆去死一死好了！」

▼「我以為你懂」反倒帶來誤解，溝通才是重點

醫院是我的每日工作場域，我早習以為常，但我明白對民眾來說，沒有人會喜歡來醫院，特別是需要照顧患者的家屬們，忙於工作和家務外，還要耐著性子照顧患者，大家難免都會有心情起伏、情緒爆發的時候。

那天，我踏入陳伯伯的病房，就見陳伯伯坐在床上，臉色頹喪、低頭不語，身旁站著的是他的女兒陳小姐。

陳小姐大聲怒吼：「如果你都不吃藥，那就乾脆去死一死好了！你這樣不是在找我

麻煩嗎？你看病和買藥的錢都是我付的，結果我回家就看到一大堆藥放到過期！你連吃都不吃，只會一直打電話給我說身體不舒服。我一聽，就趕快送你來醫院。你不知道住院要花錢，請看護來照顧你，也要花錢嗎？你以為我很有錢嗎?!」

陳伯伯倔強地回話：「那我去跳樓好了，反正活著也沒意思。」

陳小姐馬上大吼：「那還不快去跳？」

父女倆吵得不可開交，連我進門來都沒發現，直到我走到床角，才讓他們驚覺這一切都被我看在眼裡。

「我看他乾脆去死一死好了！」

陳小姐有點尷尬地開口：「醫師，你來看我爸爸？」我先安撫他們：「你爸爸目前狀況還好，不需要太擔心。」

其實，我也對這樣的場面感到驚訝，因為前幾天來時只見到陳伯伯與看護在場，大家溝通起來都很平和，所以我沒預料到第一次見到家屬卻是父女間爭吵的火爆場面。

我擔心地問：「一切都還好嗎？」

陳小姐深吸了一口氣，馬上把心中的不滿全倒出來：「陳醫師，你聽我說，我是一個可憐的人。我先生四年前得到癌症，都是我親自照顧。那一段時間裡，我們只求我和他雙方的父母把自己照顧好，不要再給我們增加負擔就好。我根本沒期望過父母要給精神上，甚至經濟上的支持，可以說是我自己撐過了照顧我先生的那幾年。

「後來我先生過世了，這樣的結果，對我來說當然很難過，可是坦白說，終於不用到醫院照顧，某種程度，我慶幸自己終於解脫了。當我先生過世，留我一個人照顧我自己的一個孩子，但沒想到，我還要照顧我弟的兩個孩子，這樣就算了，沒想到那時候，我爸也開始生病。」

陳小姐愈說愈氣：「我一個單親媽媽要養自己的孩子，雖然不容易，而我弟弟只會生，卻連養小孩的能力都沒有，所以我還要負擔他兩個小孩上課和吃飯的費用。我很會賺錢嗎？當然不可能！坦白跟你說，我是『月光族』，一個人做兩份工作，還要抽時間兼差，可是這樣拚命賺到的錢，根本存不下來，每個月都花到一毛不剩。

「我不是要抱怨工作辛苦，其實我覺得只要我的付出有意義，也能讓家人知道珍惜，那所有的辛苦都值得了。可是，陳醫師，你看我爸，他在我最辛苦的時候沒有幫助過我。現在我累得半死，還要努力照顧他，他竟然放著一堆藥過期！每次住院，都是我陪他看病、吃藥、打針，請看護來照顧他。之前他發生腳栓塞，我花了二十幾萬，終於治好後出院。醫生開了預防栓塞的藥，讓他帶回家吃，結果我回家一看，他竟然都沒吃！」

陳小姐氣到口不擇言：「如果他再發生一次栓塞，我看他乾脆去死一死好了！」

一口氣說了這麼多，陳小姐滿面怒火，頻頻深呼吸。

此時，**我聽見低著頭的陳伯伯小聲地說了一句：「我活得很累。」**

乃菁醫師說中家屬的心事

但火氣正旺的陳小姐沒聽見，她繼續滔滔不絕地說：「我手機從來不關機，鈴聲總是開到最大，就是怕他有緊急狀況打電話來時，我沒聽到。因為總是怕沒接到，所以我常睡不好。再說，每次接到他打電話說身體不舒服，第一個跳起來處理的人，還有誰？每次都是我啊！」

看著陳小姐的表情，我陡然領悟到她想表達的重點。

我說：「陳小姐，我發現你很愛你爸爸的！**你這麼生氣，其實是因為覺得自己這麼愛他，可是他卻沒有好好愛自己，對吧？**」

被我說破了心事，陳小姐一時間有點不知所措，張嘴想要反駁，最終卻是深深嘆氣：「我啊～真是倒八輩子的楣，才會愛他啦！我這樣努力、沒日沒夜地應付全家人的需求，他卻把我用辛苦錢換來的藥堆著不吃。你說，我能不生氣嗎？」

陳伯伯低聲說：「我以為不重要。」

這一句讓陳小姐再度提高聲量：「不重要?!我都不跟你說我的辛苦，每次都認真帶你看病和領藥。你一不舒服就是打電話給我，要我帶你看醫生。結果，你說這些都不重要?!」

這下陳伯伯真的出現後悔的表情，很認真地說：「對不起。」

或許是沒想到老父親也會道歉，也可能是累積在心底的怒火都爆發出來了，陳小姐陡然間靜了下來。

好幾分鐘內，病房中一片寂靜，父女兩人都不知道該說什麼，最終還是由我來打破僵局。

「其實啊，**我覺得你們彼此都很在乎對方耶。**陳伯伯，你想想啊，你女兒付出這麼多，努力賺錢，又擔心漏接你的來電，這都是對你的關心，可是你不好好愛惜自己的身體，所以她才這麼氣啊。」

陳伯伯沉默著，沒回話。

倒是陳小姐用喪氣的聲音說：「說真的，我累了。我也不是要我爸恢復到多好，只求他好好吃藥，該做的治療做了，該吃的藥吃了。之後，若還有什麼狀況，那就是個人的命運安排。可是，他連藥都不吃，光靠我拚命地帶他看醫生，花那麼多錢住院和買藥，又有什麼用呢？我覺得自己好傻。」

陳伯伯頭更低了：「對不起！以後我會乖乖吃藥。」

檢視陳伯伯的用藥，讓吃藥不那麼辛苦

我馬上打圓場：「看起來，陳伯伯是真的懂做女兒的擔心了，相信以後一定會乖乖吃藥。我想陳伯伯不想吃藥，可能也和藥的分量很多有關。那麼，我們可以來一一檢視，看看哪些是一定要吃的，哪些可以停藥不吃，讓吃藥這件事不那麼辛苦了。陳伯伯，我們一起努力維持你的生命，好嗎？」

陳伯伯終於抬起頭看我：「好，我會配合，不讓我女兒擔心。真的很不好意思啊，很麻煩大家了。」

那天，離開病房後的我，好幾度回想起這對父女。

其實，我覺得陳小姐的暴怒，也不見得都是壞事呢。在此之前，陳伯伯大概只覺得女兒整日忙到不見人影，要見到她，就只有自己打電話說身體不好，所以他不太珍惜自己的身體。

陳小姐怕老父親擔心，所以她也從沒讓老父親知道自己陪伴先生抗癌的過程，也沒說過自己在先生去世後，要扛起那麼多工作，負擔家中那麼多花費的辛勞。她以為老父親會懂，可是很多時候，不說出口就是大家都不知道啊。

陳伯伯和陳小姐這樣的爭執，放在現今社會裡，很遺憾的，也非少見。**許多家庭中，家人們都靠「我以為你會如何如何」來想像身旁親人的反應和舉動，包括以為大家會自然而然體會出自己的付出和犧牲。**可是，人心隔肚皮，即使深是愛彼此的家人們，也不是光靠眼神就能溝通的啊！

希望我們都記得，**即使親如家人，彼此間，還是要有話就清楚說出口。最好每隔一段時間就找機會坐下來，談談內心的感覺和情緒，說清楚對彼此的期待。**若內心還有怒氣，及早說出口，才能趁早處理。

特別是到了長輩老、病，需要長期照顧的時候，更要坦誠相待。看是藥物太多不想吃，還是吃藥會不舒服，需要年輕人幫忙與醫師溝通、討論，又或者對如何走人生最後一段路有什麼樣的規劃，大家都可以談談。

如此一來，我們才不會活在明明都是為了對方好，表現出來的，卻是互相傷害的誤解啊。

醫生的交代愛注意

愛不是只有一味付出，說出來也很重要

1我們省吃儉用的把錢存起來給孩子補習、出國讀書，但如果我們不告訴孩子，孩子並不會知道我們的辛苦。

一樣的道理，當爸媽生病，我們跟公司請假來照顧他們。待回去上班時，需要把沒完成的工作完成，或甚至被主管責難，若我們沒說，爸媽當然也不會知道。

2因為我們關心爸媽的健康，所以，讓醫院用最好的藥物、做最好的治療，再多的自費，也毫不猶豫地買單。如果不說我們是多麼努力才存到錢，支付醫療費用，爸媽其實並不知道我們這麼努力，無非就是希望他們可以把病治好，讓身體更健康。

3孩子之所以花時間、花錢，幫助父母治療疾病，當然希望父母也配合醫療的所有指示，但此時，若父母把醫院領的藥都束之高閣，孩子心裡當然會又急又氣。

4千萬不要以為父母都自然就懂孩子的付出，所以子女對父母的付出，哪怕說得再詳細都沒關係。就像偶爾全家聚餐一樣，子女也可以把對父母的付出，在某個團聚的時刻，娓娓道來。

盲點4：「醫生，請給我媽安眠藥，不然我媽晚上不睡，看護都要離職。」

▼失智父母只需要行為乖、好好睡就好？為了「方便」照顧，卻犧牲父母的需求

在台灣，安眠藥和高血壓藥物的需求量很大，而對從醫的我來說，每天要開出的前三名用藥當中，確實常有安眠藥。大家會懷疑地問我，老人家不像年輕人工作壓力大，不吃安眠藥，睡不著，隔天無法上班。為什麼年紀大的人還需要安眠藥呢？

起初，我也是懷疑過的，所以好幾年前長輩來門診跟我說要吃安眠藥，我都不會立刻開藥，我會說：「沒有晚上非要睡不可的理由啦。真的睡不著，就起來散步、整理家裡。重點是你就白天不要睡，多走動，下午不要午睡太久。那麼，晚上就會自然睡

著了。」

後來，我的想法有些改變，主要是因為在從事居家醫療時，聽到家屬與病人間的對話。

完全理解老伯伯使用安眠藥的心情

老伯伯說：「我的保存期限已經到囉。回去也沒關係啦！晚上來顆安眠藥吧。醫生，你想想我的狀況啊，晚上睡不好，吃點安眠藥。如果能在睡夢中離開，也是幸福啦！」

這位伯伯當年隨國軍撤退來台灣。在戰亂的時代裡，親眼看著自己的弟弟死去，而後孤身一人在台灣結婚、生子。目前孩子們四個在美國，只剩一個在台灣，太太也已經過世了。

他常說自己的人生活到九十六歲，沒有遺憾了。連他的女兒都說：「醫師，請滿足我爸的願望吧。」而我因為理解，也就同意了。

外籍看護要睡覺，只好讓媽媽吃安眠藥?!

可是，有時候，我遇到的狀況是這樣：「陳醫師，我媽媽晚上再不睡覺，外籍看護就要走了，請讓她安靜睡，好嗎？」

我忍不住問家屬：「是外籍看護要睡覺，但媽媽要吃藥？難道不能盡量讓媽媽白天不睡嗎？這樣，媽媽晚上就會睡了。」

我理解照顧者的困難。照顧者因為需要工作，所以，很怕外籍看護跑掉。要是沒有外籍看護來照顧這位長輩，主要照顧者就要向公司請假，甚至可能無法繼續工作，所以，讓外籍看護可以安心工作，反而成為最重要的事情。

但以我看來，失智症長輩的睡眠狀態確實因人而異，也有非常多種狀況。

帶長輩出門太累了，我們喜歡把長輩放在家裡

最常見的狀況，多半是因為要把長輩帶出門是一件非常辛苦的事情。台灣天氣多半炎熱，帶長輩出門除了熱之外，長輩動作又慢，有時候在路上會東摸摸、西摸摸，所以更是需要耐心。難怪家屬不喜歡帶長輩出門去逛逛。我們喜歡把他放在家裡面，只要讓他吃、上廁所、睡覺，以及開電視看就好，又涼爽又輕鬆。

許多家屬會覺得爸媽都在客廳看電視，又沒有去床上睡覺，但**我會提醒他們：老人**

家可不是清醒的看電視喔，通常是看著、看著就睡著了。

可是，我們養育過孩子的人都知道。整天看電視的孩子，晚上就會精神充沛，一點都不累，也不太想睡覺。如果讓孩子去公園運動或是去參加游泳等等運動，甚至去旅行、爬山，晚上不要催他睡，他也會自動呼呼大睡。

這樣的道理，放在長輩身上，也是一樣的。就是當白天的活動量充足，走路到腿很痠，晚上倒下去就睡，不需要藥物。

或者，另一種狀況是失智長輩三天都不睡覺，可是一睡就是兩天後才醒來的，這就是因為疾病的緣故。

這時候，我依舊不喜歡開太多的藥物，因為冬眠期不需要使用藥物，而清醒期使用藥物，會讓藥物的效果不明。

有時候，家屬期待失智症患者吃完藥後就順利入睡，但真實的狀況是，吃完之後，長輩晚上依舊不睡覺，反而是撐到清晨太陽出來，終於開始睡，但這下子就是睡過了一個白天。

外籍看護只能用白天時間做家事，但一做完家事，準備休息時，長輩就睡醒，再度讓照顧者不得安寧。於是，家屬又陷入希望可以有一顆安眠藥，好讓長輩馬上睡去的期望。相同困境，一再上演。

最令人揪心的提問：「你照顧父母的意義，是讓他一直睡下去嗎？」

我多半會問家屬：「請問你照顧父母的意義，在於維持他一直睡下去，二十四小時、三百六十五天都不要醒來嗎？」

這時，**家屬才會認真開始思考家人間還有互動的需求。**

所以，真實狀況是我們忙的時候，就會希望孩子安靜或吵鬧的失智父母安靜。但等到我們有空時，我們又希望能和失智父母正常的講講話，而他們不是無精打采，就是只想睡覺。

找到長輩白天能做的活動，而不是讓長輩待在家裡

父母與孩子一樣，都是人，有自身的生活規律。為了要讓他們有好的生活規律，我們應該要找到白天能做的、刺激度高的活動，讓他們去做，而不是只要他們待在家裡，只希望他們白天自己會醒著，然後晚上自動乖乖地睡覺。

但是，照護的困境常常不是只有父母與子女之間，有時候，外籍看護也會影響許多事情。

最近有一個病人的女兒陪父親來就診時，對我說：「乃菁醫師，那些關於情緒、脾

氣的藥，通通不需要吃了。」

我研究了一下病歷，這些藥物大概也服用一年了，是有逐漸減少的趨勢。

我說：「好喔！爸爸最近看來很穩定。你們找到方法了，真好。」

女兒說：「其實是，我們終於有空陪伴父親，之前都百分之百交代外籍看護。只要父親有一點不順外籍看護的意思，不趕快入睡，或不趕快安靜下來，外籍看護就會一直跟我們抱怨。我們只好罔顧父親的真實表現，而一直跟您要求加藥、加藥。

「但最近，我們覺得應該多付出一些時間在父親身上，而我也開始觀察到，**其實父親的憤怒，有時候是來自於不被重視。**因為外籍看護也有自己的時間安排，在這部分，她無法顧及到父親的意願。例如，你看我爸爸是不是整個人黑的發亮？」

我細細看一下，皮膚確實黑得發亮啊。

外籍看護與朋友聊天，父親在烈日下曝曬

女兒說：「因為我家看護一定要中午推父親去跟朋友聊天。父親在太陽下曬著，看護在別處與朋友開心地聊天。然而，這個時間很熱，而且中午時，其實父親可能也累了。所以父親不開心，因為父親不開心，所以外籍看護會說爸爸個性不好、愛生氣。

可是，這整件事，父親是無辜的啊。

「另外，我也發現，晚上需要服用安眠藥，也是因為外籍看護希望父親趕快睡著，睡得愈熟愈好。想到父親前幾年遭遇的這些，我覺得好難過啊。」

她說：「安眠藥應該也不需要這樣的。可以一顆就好。」

她最後說：「**我們家人決定要跟外籍看護一起照顧父親，而非把父親交給外籍看護而已。**」

我看著、聽著這些故事，想著。因為愛著這些老去的父母，希望他們不要因為藥物而沉默不已、整日昏昏沉沉；希望他們還可以叫叫我們的姓名，跟我們說說一天內發生的事情，甚至於一起唱歌、聊天，或者不停說著過往歷史，這些事情都是人與人之間的親密交流。**我們不該只期望讓父母安靜著、睡著。**

不論是我們的照顧，或外籍看護的照顧，我們都可以花一點點時間，注意一下我們的父母。

藥物應該是讓長輩更舒適，而非讓照護者更舒適。否則，對於這活著的長輩，只是存在著，又有什麼意義呢？**只有呼吸的照護，也不是真正的照護啊。**

醫生的交代愛注意

父母晚上睡不著，怎麼辦？

1 **日夜顛倒太容易了。**父母若在白天安靜睡著，外籍看護正好可以做自己日常忙碌的工作。於是，在家中的父母，吃完早餐，去躺一下，看電視時邊看邊睡，下午又去躺一下。白天躺太多的結果，就是晚上失眠了。所以，到了晚上，我們就會發現父母睡不著、走來走去。

2 白天睡著的結果，就是晚上睡不著，所以**應該要想辦法的是，至少在白天不要睡覺。如果在家沒有人與父母說話，可以安排父母去日照中心上課、去社區據點活動，或去廟裡或教會，與熟悉的朋友互動。**

3 當父母說他很早（清晨兩點）就起床時，不是找醫師要安眠藥，讓父母睡到天亮，應該要問父母：「你幾點上床睡覺呢？」因為有父母是晚上七點就去睡覺的。

4在嘗試過千萬種方法，白天已經都不睡了，但晚上還是睡不著時，可以求助家庭醫學科醫師或精神科醫師。

5使用安眠藥要注意什麼？**要注意安眠藥若領二十八天份，是否二十八天後剛好吃完**。因為一開始吃藥之後，會因為一吃就能睡，因此對於睡覺的要求就是吃藥就要睡著，所以當吃一顆藥睡不著時，長輩或是外籍看護會再自己加一顆藥，於是，藥不夠的狀況就發生了。

6吃安眠藥只有睡覺的功能嗎？很多時候，因為年紀大的緣故，有些人吃完安眠藥後會全身無力、頭暈、恍惚，導致隔天白天繼續睡，若是這狀況，晚上吃再多的安眠藥，也是睡不著。這時候，就要**好好地記錄藥物及睡眠狀態，再與醫師好好討論如何調整藥物**。

7年輕人日夜顛倒，睡眠混亂，其實若不影響到別人，也不會有人在乎。因此，長輩只要能找到屬於自己的節奏，醒來時精神好，沒有大問題。其實，也不是非得要遵循大家的紀律。

盲點5：「我覺得姊姊不太會照顧媽媽，為什麼我不能出聲建議？」

▼照顧父母不能照本宣科，也不能期待相親相愛的電影情節

王媽媽來回我的診間，已經有一段時間了。王媽媽都是由女兒陪同，但這次一起走進來的，卻是與王媽媽臉型相似的男子。男子自我介紹是王媽媽的兒子。能見到向來只聽聞，卻沒親眼見過的家屬，我心底是高興的，也順口問起，今天怎麼換人陪了。

王先生坦白承認和姊姊吵架了。

他說：「我覺得姊姊不太會照顧媽媽啊。有幾次，姊姊對媽媽說話大聲，我忍不住念她，結果我們兩人吵起來。姊姊放話要我自己照顧媽媽。我乾脆今天自己帶來回

診。」

王先生出現不服氣的神情：「我只是覺得姊姊做得不好，出聲建議怎麼做比較好，這樣有錯嗎？她也是我媽媽，該怎麼照顧，我連一句話都不能說嗎？」

天邊孝子症候群

類似的家屬爭執，對我來說並不陌生，但要怎麼讓當事者理解呢？

於是，我先這樣問：「王先生，你照顧媽媽很久了嗎？」

王先生不好意思地摸摸頭：「其實，這是我第一次和媽媽單獨相處超過三小時。平常我就是每年回家兩次，母親節和過年吃個團圓飯慶祝。這次要不是吵架了，姊姊根本不會把媽媽丟給我照顧。」

他誠懇地問我：「陳醫師，為什麼我姊姊這麼生氣呢？」

我說：「就我來看，這幾年，照顧你媽媽的就是你姊姊。她把媽媽照顧得很好，才能讓王媽媽病情一直保持穩定呢。至於你的問題，我不是你姊姊，所以不能說完全懂她的感覺，可是，我倒是經歷過許多家屬問起類似的狀況該怎麼處理。他們苦惱的是，自己長年來都是負責大部分照顧工作的那個人，但有幾次遇到家裡的人下指導棋，說該怎麼照顧比較好。可是就長期照顧的經驗來看，這些建議的方法，也不是一定有效，但為了家人的感情，又不知道該怎麼處理，於是就跑來問我要怎麼做，才能讓大家都理解。」

王先生問：「醫生，你怎麼回答呢？」

我笑笑說：「我的第一個反應是很困惑啊，心想怎麼會是沒在照顧長輩的那個人，來教主要照顧的那個人呢？」

照顧這件事，並不是一個指令，一個動作

我說起郭媽媽的故事。郭媽媽是個熱情的人，總不排斥伸手幫身旁的人一把，但有時候太過好為人師。多年前，連她兒子學騎車這件事都忍不住要出言指點，讓她兒子好氣又好笑：「我媽根本不會騎車耶！她想教我騎車，就好像一個不會開飛機的人，搶著坐在我身邊，邊讀著使用說明書，邊要我握著方向盤跟著動。我媽又不是騎車的那個人，她忘了最重要的，是我摸索出自己的方法來和車子好好相處，到最後，我能把車子騎得很順，就好啦。」

我看聽故事的王先生似乎抓不到我想表達的重點，我乾脆直接說了：「你就像是看

著使用說明書的郭媽媽，即使腦海中浮現的操作做法都是正確的，卻忽略了照顧這件事情，不是一個指令，一個動作就行了呢。你想想喔，我們人不是工廠出品的標準設定，沒辦法大家都一樣，因此也不會有一體適用的照顧手冊。

「你說的『不要對長輩說話大聲』等等原則，也許都對，可是**你忽視了主要照顧者和長輩在平常互動的情形，還有許多個別化的差異。再說，她們倆都一起生活這麼久了，應該早就摸索出相處起來最舒服的方式。**這其中的細節，可能都不是我們第一時間就看得懂的喔。」

王先生若有所思，於是我問他：「不論誰來照顧，總會遇到問題，對吧？那麼，你覺得那時候應該怎麼辦呢？」

王先生回答：「可以上網查資料，或者直接問問別人怎麼處理。」

我說：「那麼，你覺得姊姊遇到問題時，會不會上網搜尋或者問別人呢？」

王先生點點頭：「應該會，我姊姊最喜歡在網路上分享雜七雜八的訊息了。」

我說：「所以，你姊姊其實也是很努力地要找方法來解決照顧上遇到的困難，對嗎？」

王先生承認：「的確是有可能的。」

我說：「她長時間來都很努力，可是你只是偶爾出現在媽媽身邊，一出現，還要說她哪裡做得不好，指導她怎麼做比較好。如果你是她，你會怎麼想呢？」

王先生嘆氣：「坦白說，我會生氣啦。應該覺得我那麼努力、那麼累，大家還當我是笨蛋，覺得我的照顧品質不及格。」

我說：「你懂了！我想，**我們不需要急著告訴姊姊該怎樣做。換個方法，也許更好。我們可以讚美她已經做得很好，也可以問問她，需不需要換我們來照顧**，讓她可以去好好睡一覺，甚至出門去旅行幾天，轉換一下心情。」

王先生點點頭：「如果我做每件事都要被姊姊念，都要看她拿著操作手冊來照本宣科的指導，我一定超級不爽。」

不評論照顧者，而是提供照顧者支持或喘息

我安慰他：「我常提醒學生『**失智症患者之所以有情緒問題，其實大多是因為照顧方式出了問題**』，因為照顧他的人對他不夠了解，不懂得用他覺得舒服的方式來照顧。患者感覺不愉快，卻因為功能退化，導致他無法清楚說出口，所以心情不愉快的患者，多半只能靠發脾氣來表達了。

「但是，我也常提醒自己和學生們，回到診間，或是照顧現場時，當我們必須同時

面對照顧者和生病的長輩時，我們要盡量不評論孰是孰非，因為照顧失智親人已經很辛苦了。

對主要照顧者來說，擔起照顧重擔的同時，多少要犧牲自己的人生夢想。每天的生活重心都不是自己，而是放在失智長輩身上。要盯著回診、吃藥，還要想方設法保持患者的生活規律。一天到晚關心患者的飲食、睡眠、情緒、運動狀況。做這麼多，卻不能奢望藥到病除，頂多只能期待不要退化就很好了。你說，長年這樣下來，累不累啊？」

那天看診結束後，王先生帶著媽媽離開了。王先生來的時候是一臉怒氣，但離開的時候，心情平靜了不少。

我相信王先生懂得從另一個角度看待姊姊的照顧方式了。我更期待這一對姊弟能放下成見，彼此調整，找出更好的照顧方式。畢竟媽媽是兩個人的，照顧工作也該共同分擔。

說起來，長期照顧是一條漫長的道路。光靠一個人走，不只有被壓垮的風險，更可能發生遭他人誤解，卻百口莫辯的狀況。

而對沒長時間照顧過患者的人來說，因為不懂每天二十四小時上演的真實戲碼，光出一張嘴來指導是有害無益的，所以不如**家人間多換位思考，共同分擔照顧工作**，讓大家都能清楚理解照顧的眉角，也能獲得適度的休息，這樣才是對患者和家人都好的照顧方法喔。

醫生的交代愛注意

對於照顧者，我們應避免提供建議，以免對主要照顧者造成「照護創傷」

1 當我們不是主要照顧者時，請避免提供建議，以免無意中傷害了勞心勞累的照顧者。

2 我們可能在網路、朋友圈中聽說，怎樣的飲食、怎樣的互動方式可以讓生病的爸媽改善，所以「好心的」告訴負責照顧爸媽的家人。但是，**對家人來說，「被建議」可能表示他做得不夠好，他可能會因此而傷心。**

3 有時候久久未見父母，回家時，一句問候的話：「媽媽，你怎麼瘦了？」這可能只是關心，但是聽在照顧媽媽的家人耳裡，敏感的人可能會想：「你是不是嫌我不會照顧，虐待媽媽？」

4 那麼，當回家時，到底要說什麼與做什麼，最安全呢？**先從照顧者開始吧，請先關心勞心勞力的這個家人，問候他：**「你最近睡得好嗎？累不累？」「有沒有什麼需要我幫忙的？」「要我回家幫忙照顧幾天，讓你去放個假嗎？」「家裡有沒有缺什麼，需要我去買？」**先關心完照顧者之後，再開始關心生病的爸爸媽媽。**

5 我們要知道高齡、慢性病、退化性疾病，不論照顧者付出多少心力，長輩終究還是會一年比一年退化，所以，**千萬不要說：「這次回來，媽媽怎麼感覺又退化了？」**因為往往說者無意，聽者卻有心。

當照顧者把長輩的好壞責任背在自己身上，他們就會內心苦悶的覺得：「我都快累死了，爸媽卻還是持續退化，家人也覺得我照顧得不好。」那麼，該怎麼表達比較好呢？建議可以說：「媽媽一直在變老，你照顧得很不容易啊。」

6 **「照護創傷」常常因為一句無心的話引起**，所以，沒有負擔照護的人，當面對照護者時，**在說話前，請務必三思。**

盲點6：兒子每天二十四小時記錄媽媽身體狀況，從頭痛、記憶減退……

▼家庭生活不是緊迫盯人，過度關心，反而形成壓力，遠離了愛

小廖與廖媽媽母子兩人進出我的診間，大約是在一年前開始的。第一次就診時，一見面，小廖就滔滔不絕地開口描述母親的症狀，從頭痛、記憶減退、生活功能不佳等一路講下來。

一口氣講完後，還拿出**一張A4尺寸的紙，上面詳細記錄了母親的身體變化**。能做到這樣的家屬可不多啊！我心中訝異，猜想小廖應該早已事先上網搜尋過許多病患與家屬的就醫經驗，並且用心、仔細好好讀過，把自己準備得這麼好，才來到診

間，目的不外乎希望能得到最好的診斷。

兒子代替身為患者的媽媽回答

當然，我還是要問真正的患者，於是，我轉頭問廖媽媽：「他剛剛說的都對嗎？」

廖媽媽點點頭：「差不多。」

對我來說，這是太籠統的回答。於是，我進一步詢問細節：「請問您頭痛時，是感覺到頭『緊緊的』？還是『脹脹的』？又或者是『一抽一抽的痛』或感覺『刺刺的』呢？」

廖媽媽愣住了，她帶著疑惑的表情回望我。

身旁的小廖馬上緊張起來：「我回家後，會好好觀察和記錄！」

我繼續問：「請問您的頭痛是何時發生的？是每天都痛？還是偶爾痛一下？是早上起床時痛？還是半夜睡覺時痛？或者是壓力大的時候才發作呢？」

廖媽媽沒回答。她帶著深思的表情，似乎想把頭痛時的記憶找出來，好好分析一下。

倒是小廖又緊張地插話：「等一下！先不要亂答！我回家觀察、記錄後再說。」

接下來的對話，都是落入這樣的模式。

我問東問西，但廖媽媽都是沉思的表情，小廖則是精神抖擻地拿出做科學實驗的精神說：「我回家後會好好觀察！」

兒子幫患者媽媽表達所有需求

而他也真的說到做到。

下次回診，還是母子倆一起來，踏入診間，先開口的依然是小廖：「跟醫生報告一下，我媽媽頭痛時，主要的表現是『緊』。頻率則是不一定，似乎沒有和任何事情有特別的相關性……」

他滔滔不絕一路說完，最後還下了總結：「醫生，你上次開的藥，基本上有讓我媽媽的頭痛減輕了百分之五十，但還是有一定的發作頻率。」

我心裡先鬆了一口氣，慶幸上次診斷後，還是有點幫助的。

我繼續往下問廖媽媽容易忘東忘西的狀況，小廖依然馬上跳出來描述，讓我只得轉頭，問廖媽媽：「狀況就像你兒子描述的那樣嗎？」

廖媽媽又是同樣的回答：「差不多。」

最後，我也只能就所知的部分開立藥物給廖媽媽，也請他們回家服藥後，持續觀察、記錄。

就這樣來來回回幾次後，終於有一次門診時，我忍不住了：「請問廖媽媽是個內向、話不多的人嗎？她一直需要您替她表達所有的需求嗎？」

廖媽媽都還沒有說話呢，代言人小廖馬上開口：「我媽媽其實很會表達，只是來門診很有壓力，所以還是我來替她說好了。」

聽到這樣的話，倒是讓我愣了一下。難道我的門診給大家這麼大的壓力嗎？

當媽媽沒有「完美」達成該做的步驟

治療持續進行，在歷經幾個月的看診過程，小廖終於了解母親頭疼的狀況。後來幾回門診，他不再是一進門就急著掏出紙張，念出一條條的紀錄。

他對媽媽的治療結果也算滿意，只是依然在「記憶力不好」這點上，有放不下的執著：「醫生啊，記憶力的藥，我們已經換到第三種，一直調整劑量，但是，我媽的感覺不是噁心，就是暈眩。這次的用藥，雖然基本上沒有副作用，可是媽媽還是記憶力不好啊～」

我努力擠出一個淡淡的笑容：「請問『不好』是怎麼樣的不好？可以舉個例子說明嗎？」

小廖說：「跟您報告一下。我家電壓不足，所以開熱水前要先關冷氣，不然會跳電。基本上，媽媽都能做得到。可是，這個月就發生兩次，我媽媽先開了熱水器，才想起來要關冷氣。你看，這就是記憶力不好。我媽她沒有完美達成該做的步驟啊。」

我轉頭看看廖媽媽，無可奈何的問：「您說呢？」

沒想到廖媽媽竟然點頭附和：「他說的，也挺有道理的。」

誰都無法被二十四小時盯著，一點錯，就被記下

我好幾個月來努力壓抑住內心衝動，這時，終於再也忍不住了。

我對小廖開口說：「現在開始，你一句話不要說，通通聽我說。」

我深吸一口氣，問：「請問你，如果有人二十四小時盯著你的一言一行，只要有一點點犯錯，就立刻被記錄起來，注意著你每天的每件事都要做到完美無缺，你能不能接受？」

我接著又說：「剛剛說的是對您母親。如果換作是你，難道你每天每個時刻都是完

美？沒有過偶爾拍拍自己的頭說，啊，搞錯了？」

小廖被我嚇到了，一時間沒有說話。

倒是坐在一旁的廖媽媽立刻大笑。

她的笑聲讓我好驚訝，這可是認識好幾個月來，我第一次聽見她笑得這麼開心。

兒子關心母親，但卻忘了將心比心

我對著小廖，把想講的話繼續說完：「我跟你說，忘了關冷氣這種事情，不是大家都會發生的嗎？就像小孩會忘了帶作業，成年人做事一個失神就可能被剪刀剪到，或是被菜刀切到手，這些不都是每天日常會發生的事情嗎？我知道你關心母親，可是這樣緊迫盯人是不正確的！要知道即使是沒生病的人都可能會犯錯。何況以你媽媽來說，她就算一開始忘了，事後也會再把該做的做到啊。」

我想小廖並不是唯一有這樣狀況的家屬。作為人子，他對老母親的關心當然值得稱許，可是他忘了將心比心，以後他也會老。當他成為一個老先生的時候，他也願意這樣坐在診間，聽著孩子一一細數自己在生活中發生的瑣事，然後**再請醫師依據這些「錯誤」或「疏漏」就斷言自己是「有問題的人」了嗎？**

我們每個人都是自小孩子時期過來的，所以一定經歷過童年時，常不經意地犯些大大小小的錯誤。每回犯錯了，我們很自然地就會遮遮掩掩，不希望被父母親發現。努力用自己的方式去彌補過錯，並且在心中期望著事情就這樣平靜的過去。

現在我們年紀大了，身心功能多少有點退化，卻連在生活中犯一點小錯的權利都沒有了嗎？難道，即使我們努力在事後補救，也將錯誤矯正了，還是沒辦法讓身旁的人，放過我們的無心之失嗎？

所以，做子女的確實該關心家中的長輩，而進入高齡的父母們，也的確需要注意自己腦部的變化，努力健腦預防失智，畢竟失智症的確是時下社會中最讓人聞之色變的疾病之一。

儘管如此，還是希望大家都能放鬆一點，不要凡事都杯弓蛇影。若過度的愛，導致長輩在還沒有真正進入嚴重失智階段時，就被家屬有意或無意帶來的壓力與擔憂所包圍，日子過得太過辛苦，這不但對病情沒有幫助，也絕不是我們宣導多陪伴長輩與提早認識失智症的原初用意啊。

希望在每一個家庭間，都保有家人對彼此的愛，但在每日生活中，讓我們提醒自己不要太過苛求，有時候睜一隻眼，閉一隻眼，也是一種愛啊。

醫生的交代愛注意

如何不過度焦慮的關心長輩？

1 **對長輩的身體狀態要有一個基本的了解**，例如，他們每天都是幾點起床、一餐吃飯的食量、晚上平均的睡眠時間，甚至一天要尿幾次，每次尿尿時間多久。這樣，當我們注意到他們與平時不一樣，而且落差很大時，我們就會知道他們可能不對勁了。

2 若能每日固定為長輩做基本健康檢測（血糖、血壓、心跳、體溫等），這的確是有幫助的。但**我們也要記得，不要被冷冰冰的數字侷限住了**。畢竟，人是活的、是動態、有變化的。我們的檢測可能會因為長輩睡不好、貪吃、心情不好等原因，而會有一些高低落差。

3一旦有一定程度的落差時，我們可以適時的關心長輩，問問他們，最近有沒有身體不舒服，或是心裡有哪些煩心的事情。彼此討論之後，再一起決定是否需要去看醫師。

4對於身體不舒服的描述，醫師很害怕聽到病人說：「我頭痛，就是痛。我也說不清楚，反正就是痛。」

醫師喜歡聽到的說法是：

①頭痛的痛法、位置。

②頭痛的時間點或是與哪些事情特別有相關性。

③有沒有哪些事情或是動作會讓頭痛變嚴重。

④有沒有哪些事情做了之後，頭痛會改善。

⑤頭痛有沒有伴隨哪些其他症狀，例如噁心、嘔吐等等。

盲點7：無法照顧父母，當然就請外籍看護

▼外籍看護不是萬靈藥，父母的晚年照顧不能只靠外籍看護解決

因為承接「失智共照中心」的計畫，我常常有機會見到中心的個案管理師們與家屬通電話的畫面。好幾年下來，我發現家屬有各式各樣的需求，但「外籍看護」絕對是名列前幾名的重大議題，偏偏這又是沒辦法只靠電話就可以說清楚的問題。

例如，前一陣子有家屬打電話來，提到家中長輩疑似有失智症狀，想知道是不是能為長輩申請身心障礙手冊。

我們的個管師也是老經驗了，所以先好言好語問出身障手冊不是重點，家屬真正要

的是據此申請外籍看護。

失智患者若真有申請外籍看護的需求，站在醫護角度的我們，一定會幫忙，但在此之前，總要先確認長輩的狀況退化到哪裡了，是不是已經確診了。

但是，當個管師再進一步向家屬詢問長輩的生活情形，家屬就開始支支吾吾起來，翻來覆去說的就是：「家中環境沒有整理得很整潔。剩下很多藥物，沒吃完。」

家屬想請外籍看護的真正原因

個管師愈聽愈覺得奇怪，因為這位八十四歲的老奶奶雖是年紀大了點，可是日常買菜、煮飯洗澡和洗衣服等基本生活，都還可以自理，似乎連失智的症狀都還沒發生，為什麼家屬認為老奶奶需要聘僱外籍看護了呢？

家屬後來終於坦承。老奶奶獨居屏東，平常生活上有點小毛病時，會自己去附近的診所看病。說起來，是沒有醫療需求的。但家屬希望有個人可以和老奶奶一起生活，於是立刻想到聘僱外籍看護。

個管師告訴家屬，目前長照服務中，也有提供居服員到長輩家中陪伴出門散步或購物等簡單生活照顧的項目，但家屬很堅持：「老實說，我需要一個人二十四小時在老家，看著我媽。」

這下，個管師聽懂了。**家屬想要的是一個安心。**

家屬往往將外籍看護想得太簡單與美好

就如許多在外地打拚的子女腦海中想像的那樣：我花了錢，把一個外籍看護找來，再把看護放到我爸媽身邊，從此就有人可以二十四小時，代替我來照顧老父老母了。

後來，個管師向我談起這段對話，我們只能默默在心中嘆氣。因為現實狀況從來沒有那樣簡單、美好。

我們看過太多失智或失能長輩的例子，其中聘僱外籍看護的並不少，但其中發生的問題，更是不勝枚舉。例如，**做子女的想要聘僱外籍看護，可是大家有沒有想過老父老母的心情呢？他們真的想要嗎？**

更麻煩的是，不同住的子女輩以為只要給錢就好，根本**沒辦法在看護初來乍到時，協助老人家與看護一起建立生活習慣，更遑論接納彼此。**

我們每個人對外人都有警戒心，而對長輩來說，外籍看護代表著一個語言和文化都不通的外人，立刻住進家中，千百種問題立刻出現了。

例如：衣服要一起洗，還是分開洗？以前是自己三餐想吃什麼，就吃什麼，現在要怎麼吃，才能讓彼此都開心？要讓她住在家中哪裡？那麼，長輩自己的寶貝物品要藏起來嗎？

還有太多的問題，都不是事前就可以想到的。多半是要一起居住後，才會發現彼此在生活習慣上有摩擦。而此時，兩人語言不通，溝通效果不佳，說不定，很快地就會相看兩厭了。

子女請外籍看護的善意，卻變成長輩的壓力

所以，聘僱外籍看護這件事，或許在兒女輩眼中，是避免老人家獨居孤單，想為他找個伴，也多點安全的保障。可是，我們都忘了**善意有時候沒有規劃好，也可能變成另一方的壓力。**

舉我們自己為例，大家多少有為了求學或工作而在外租屋而居的經驗吧？是不是也曾有過和室友因彼此生活習慣不同而起紛爭的時候？我們也曾防賊似的怕室友亂拿自己的物品，更曾一入門，就躲入自己的房間，單純只為了一整天工作、應酬已經太累，回家後，不想再迎合別人臉色了。

長輩也是這樣的啊。在獨居這麼多年的時光中，他把自己的生活打理得很好，想幾點起床就幾點起床、想吃什麼就吃什麼。表面上看起來是寂寞、孤單，可是從另一個角度想，他擁有的是自由自在。因為整個家都是他的天地，他可以安心地把錢放在桌子上、抽屜中，不用上鎖。

子女以為請外籍看護，長輩就不孤單，這是錯誤的想像

至於家屬期望的有了外籍看護後，長輩就可以不孤單了，那更是一種錯誤的想像。坦白說吧，長輩和外籍看護之間，年齡有差、語言不同，他們要聊什麼呢？盡責的看護還會做家事、備三餐，但這離長輩心中期望的家人一起生活的場景，差太遠了，更令人害怕的是，有些看護根本工作要求都沒辦法達到。屆時，**可能還要老人家反過來協助看護適應當地生活。**

在實務經驗上，我們見過不少家屬在請到一位外籍看護後不久，卻又拿著同樣的外籍看護申請表在診間出現。

問起來，多半是才來不久的外籍看護出狀況，因此只好再換一個試試看。於是，一而再，再而三，老人家不開心，家屬的心更累，這不就大大違背最初想要聘僱外籍看

護的目的了嗎？

孝心無法外包

於是，我常勸家屬：孝心是無法外包，朋友是沒辦法用買的。就算不得已的情況下，真的無法與老父老母同住，陪他們度過晚年，那麼，**我們在直覺地想要聘僱外籍看護前，是不是可以先與家人們（我強調的是一定要讓老人家加入），共同討論大家的憂慮和期望？**看看是不是能先嘗試現有的方法（例如，**手足間協調好探望的時間，期間還可以搭配使用長照服務中的居服員與據點活動等安排**）。若真的試過了，都不成功，再來討論聘僱外籍看護這個選項也不遲（當然必須在符合法規的前提之下）。

家屬們也要理解聘僱外籍看護並不是錢花了，人來了就好。作為雇主的我們，要先對看護的狀況有足夠的了解，因為來到台灣的每位看護，其實都有不同的成長背景、個性、衛生習慣、學習能力以及與人互動的態度，並且他們來台前獲得的行前訓練，是絕對不夠的，所以根本不要期望外籍看護能有護理師那樣的專業照護水準。

六個月內，換了三位外籍看護

更坦白地說，許多外籍看護都很年輕，不少還是初次來台，甚至是第一次出國，所以他們來到長輩家中一起同住，每天二十四小時相處，也是一種壓力。**他們也需要有學習的時間，和有人從旁協助他們，學習如何照顧長輩。**

讓我舉常帶媽媽來看診的黃小姐為例。在短短六個月內，黃小姐就換過三位外籍看護。每換一個，家中就是一陣兵荒馬亂。

黃小姐向我抱怨看護在家裡的狀況：「我真是不能理解！洗碗後，不是就可以順手把水槽洗一洗嗎？可是她都不做，搞得水槽髒兮兮的。還有，她把碗洗完就隨便塞進碗櫃，我講很多次後，她終於理解要把碗由大排到小，才會整齊。」

我問：「那麼外籍看護在照顧你媽媽這件事上，表現得還可以嗎？」

她嘆口氣：「我已經放棄了！反正已經換到第三個，怎麼換都差不多，至少就是有個人隨時在我媽身邊，我也不管她是不是光顧著滑手機了。只要我媽有什麼狀況，她就會打電話通知我。唉～說來傷心，想當初我還期望找外籍看護來，就有人可以陪媽媽聊天，跟媽媽多多互動，帶媽媽一起去公園散步和運動呢。」

我問：「她沒有帶媽媽去運動嗎？」

黃小姐說：「她們會一起出門。不過，她陪媽媽去公園後，就自己坐在一旁，繼續滑手機。我看我媽多半是坐著發呆，頂多是和走過身旁的人，聊個幾句。」

我繼續追問：「所以你期待她與媽媽一起散步、一起聊天嗎？你期待她要聊什麼呢？」

對於這個問題，黃小姐倒是認真想了一下：「坦白說，她才剛學中文，還不到能聊天的程度。這樣說來，她也的確只能按表操課的執行工作而已。」

說到這裡，我相信黃小姐聽懂了我要強調的重點：無論家屬對外籍看護有多少期望，看護都只是一個抵達台灣沒多久，對我們的語言文化、家庭習慣都一無所知的人。希望外籍看護能立刻把照顧工作做得好，馬上和長輩間有熱烈的互動，真是太難了。

長輩毆打外籍看護背後的原因

再說了，更多時候，**照顧上的困難不只是文化問題，還有長輩個人習性或疾病引起的問題。**

例如，李奶奶的外籍看護也是流水似的換。問起來，發現原來是李奶奶要求看護每分每秒都要跟在她身旁。除了緊迫盯人外，只要一覺得看護沒把事情做好或者擺臉色，李奶奶就會暴怒。李奶奶常會拿東西砸，甚至出手毆打。

李奶奶的女兒努力地辯解：「我們對外籍看護很好呢。給她吃、給她住、給她錢，也買很多印尼口味的泡麵，希望她可以忍受我的母親。為什麼她還是要走啊？」

我問：「你請外籍看護的意義在哪裡呢？」

李小姐說：「我要請人來照顧我的母親啊。」

我問：「過去當媽媽打你的時候，你會怎麼做呢？」

她說：「我會逃離現場。」

我說：「那麼，你覺得看護應該怎麼做呢？」

她沉默許久，後來終於開口：「我知道你的意思了。」

既然已經提到長輩打人的問題了，於是我趁機再多努力一下：「你想過母親為什麼要打人嗎？是不是有哪些事情是一做就會引起她的怒火？那麼，**你曾經清楚告訴外籍看護哪些事情是媽媽的地雷區，千萬要避免嗎？**」

李小姐再度沉默了。

說到這裡，我也不忍再給家屬壓力，於是轉頭問李奶奶：「奶奶，你不喜歡看護啊，為什麼呢？」

李奶奶非常坦白：「我想把她趕走，因為我不想花錢，我已經成功趕走好幾個了。你不知道嗎？養一個看護，每個月都要花好多錢啊。幹嘛要花這個錢呢？」

很明顯地，這就是家屬想找外籍看護來，但老人家根本不想，於是整個家庭天翻地覆。換了好幾個外籍看護，家人間紛爭不斷，最終還是回到沒有外籍看護的日子裡。

在請外籍看護前，讓我們想想長輩真正需要的是什麼

因此，我常勸家屬：外籍看護並不是不能用，我們也見過照顧品質好到讓人稱讚的外籍看護，但這樣的例子可遇不可求。更多時候，是我們要先想清楚長輩真正的需求在哪裡，以及外籍看護來了，是不是真的能解決問題？還是反而帶來更多的問題？

請讓我們提醒自己，**思考時一定要把老人家放在最核心的位置。因為有時候做晚輩的會傾向以年齡來定義人的功能**，誤以為人到了八、九十歲，就沒有生活能力了，於是，**自以為是的替長輩決定了他的生活方式。**

但年齡一定就是問題嗎？同樣是八、九十歲，有人臥床，但也有人還似一尾活龍。我就見過一位八十五歲，俐落地爬到樹上修剪枝葉的奶奶啊。外人看得心驚膽顫，但和她比鄰而居、超過大半世紀的老朋友一派輕鬆的告訴我們：「她年紀大了點，但身手俐落得跟年輕人有得拚啊。」

生活習慣百百種，老人家期待的晚年也是百百種，所以請讓我們做晚輩的，多給長輩一點信任和自由。

倘若真的發現他們需要照顧上的協助，也**請不要直覺性地只想到「外籍看護」這一個答案。讓我們想想長輩真正想要的是什麼**，如果是家人或朋友，那麼，我們該把家人放回他的生活裡，或協助他找回老朋友、交上新朋友。

外籍看護不是所有問題的答案。家人的用心，才是照顧的關鍵。

醫生的交代愛注意

長輩的隱私與安全如何兩全？

1 即使與長輩二十四小時形影不離，長輩還是可能發生意外。我們會因為擔心意外，就不爬樓梯了嗎？

2 擔心爸媽會跌倒或是其他意外，所以需要時時看護，但是我們有沒有想過讓爸媽去健身房，讓爸媽只有年齡是八十歲，然而，肌力與敏捷度都是六十五歲以下呢？

3確認長輩的安全只有外籍看護可以提供嗎？**是否可以提供設備，讓長輩隨時呼救？**比如手錶有電話功能。

4「有事，弟子服其勞」的傳統觀念是我們想要的？還是父母想要的？**一直幫父母完成每件生活瑣事，會不會因此讓父母無所事事，而加速他們體力及腦力的退化？**

5當有外人或是外籍看護出現，父母會不會有隱私的問題？

外在的部分：我們喜歡有人看著我們洗澡、在房間偷偷理財，或是隨便整理我們的抽屜與衣櫃嗎？

內在的習慣部分：當我一個人時，若感覺自己今天有點飽，而想在十點吃早午餐，可是有外籍看護時，早上七點半，看護就期望我吃早餐、十二點要吃午餐。當吃不好、吃太少，外籍看護會跟兒女報告，之後就會接到兒女的關心電話，感覺一點也不自由啊。

6生命有盡，子女的所作所為也不過是希望盡到孝心而已，但千防萬防就是防不過上天的安排。也許吃飯時，一個麵筋哽到就上天堂了，無論是誰在身邊都沒有用。倒不如常常回家看看他們，依照父母期待的方式盡孝。

盲點8：「不用再問我媽啦，我對父母的照顧安排都是最好的。」

▼照顧者應該尊重長輩還有的能力與自主的意願，而非將自己認為的照顧方式，強加在長輩身上

日前，我進入一處養護機構，商討照護問題。好幾個小時下來，我印象最深刻的是一位拄枴杖的奶奶。滿頭白髮的她，開門走進辦公室後，問：「我可以說說話嗎？」我立刻停下與工作人員的談話。轉頭，請奶奶坐到身邊來。

奶奶一坐下，眼淚立刻如泉湧。身邊的工作人員絲毫不驚慌，顯見他們早已歷經多次奶奶這般的表現。

當下，機構的人員沒多說什麼，但我立刻感覺現場空氣中飄蕩著「奶奶就是多愁善

感」的氣氛。工作人員彼此間無聲傳遞著：「你看，她又要講了」的眼神。我這個初來乍到的人，剛好讓老人家有個新的講述對象。於是，她滔滔不絕地又說又哭，一陣子後，才收了淚。

沒人來看望的孤單奶奶

此時，身旁的工作人員向我補充介紹奶奶的背景：「奶奶非常在乎她的錢。每天提心吊膽，最怕錢被偷。」

奶奶的擔憂也不是空穴來風。原來奶奶是戰亂時期自大陸來台。來到機構前一段時間，奶奶聽聞自己的兄長將回大陸定居，於是拜託他給自己一百萬元：「你們一家回大陸後，就不會再回來了。這筆錢，就算你可憐我這個妹妹吧。」

拿到兄長給的養老費用一百萬元。奶奶想想自己有三個兒子，但她想長子傳統上該擔起奉養父母的角色，也多少和私心偏愛著大兒子有關，於是她捧著一百萬元到老大媳婦那邊，透過給錢來傳遞她心中的期盼。很可惜的，奶奶在入住機構後，就未曾再見過老大夫妻。

與此同時，三兒子也直白地告訴她：「我就養你六年。這六年的養護費用，我都會付，但六年後，我們也不要再相見了。」

於是，六年過去後的現在，唯一還和奶奶來往的就是二媳婦。

二媳婦雖也是久久出現一次，但只要每回來，幫奶奶帶件衣服或拿雙鞋子，奶奶就感動得不得了。

時間一天天過去，她成為一個只能抱住身上僅剩的一點存款，卻沒有人來看望與相伴的孤單老人。

當我問：「奶奶，你很怕冷吧？」奶奶淚就流了下來

仔細再往下聽，我發覺奶奶的孤單，並不只是來自親人那一方，因為奶奶哭著要求，想從機構內的養護區域轉到安養區居住。

她說：「我其實還能走。我還可以自己照顧自己。我還是可以的。」

奶奶的語氣很強烈，而現實上，她也的確還保有自我照顧的能力，但是**在機構裡，因為工作人員顧慮「可能會退化」、「可能會有跌倒風險」**，所以沒有人願意協助她轉進想住的區域。

直白地說，**奶奶被照顧她的機構「判斷」後，決定了她所能居住的地方。**

為什麼她這麼想轉到安養區呢？透過持續和奶奶談話，我開始懂安養區和養護區有許多差別。例如，在安養區的住民洗澡的浴室是附屬在臥房內，有獨立浴室門且可上鎖，但在養護區，臥室內附設的是廁所，只有洗手台和馬桶，住民要洗澡時，需要走出房門，穿過走廊，來到洗澡間。

這裡的洗澡間就類似傳統軍隊或學校宿舍中的大型淋浴間。隱私問題先不談，每次洗澡時，有工作人員在旁協助，卻也總是催促她洗快一點。

這一點，對於怕冷的她，最是痛苦。

眼看在時下八月南部這個炎熱的季節中，還穿著薄長袖的老人家。我試探性地問：「奶奶，你很怕冷吧？」

她一聽，淚水立刻流下來，急切地跟我描述，因為被人催促，所以她在洗澡時總不能等水流變得熱一點，再安心地洗。

「其實，我只要熱一點點就好。」她說，「可是有一次工作人員不等我，就直接舀一瓢水，從我頭上倒下來，叫我趕快洗，水都是冷的。我眼睛都是水，好害怕。」

奶奶的眼淚需要被好好疼惜

那天和奶奶談完話後，我繼續回到與機構工作人員的會議上。他們好奇的想知道在我這個神經內科醫師的眼中，這個奶奶是不是已經有失智症的跡象。

那當下，我想說的很多，但千迴百轉後，還是這樣回答：「不管奶奶是不是失智症患者，她的眼淚都需要被好好疼惜。」

回程路上，奶奶邊哭邊說的面龐，一直在我腦海中浮現。

說起來，**她所要求的，不過是洗澡有熱水和身旁有人願意讓她好好說話而已**，而這些要求其實都很基本，不是罹患哪種病症就可以被忽視的，不是嗎？

奶奶老了，所以動作變得慢一點，也需要比平常再熱一點的水來洗澡。清楚的需求顯示著她還是一個獨立完整的個體。

我回想起過去，我曾參訪荷蘭當地養護機構。其中有個奶奶自己推著四腳的助行器，歪斜著走進廁所。根據在台灣的經驗，我疑惑地問：「不用幫助他嗎？」

工作人員告訴我，並不是沒有人手能去幫助她，而是**他們的策略是，先在一旁、不動聲色地觀察著。若是老人家開口要求，再上前協助。**

這背後的精神，不外乎「尊重」兩個字。不分年齡與性別，照顧者都該尊重長輩還有的能力與自主的意願，而不是將自己認為安全的照顧方式，強加在長輩身上。

希望我們在急著出手制定照護方案，告訴長輩「這樣安排是為你好」之前，能先調整自己的心態，給出時間，以及拿出平等尊重的態度，聽聽被照顧者的心聲。

醫生的交代愛注意

所有的照顧，都要以相互尊重與良好溝通為前提

1 變老是會發生在每一個人身上的事情。眼前是爸媽，但總有一天會輪到我們身上，**屆時的我們，想被以什麼樣的方式來照顧呢？其實從這個角度來思考，很多癥結點自然就會有了答案。**

2 當晚輩在急於表達自己的難處前，是不是已經先好好聽過長輩的心聲了呢？很多時候，我們急著做決定，以為這就是最好的決定，卻忘了，這只是單方面感覺下的決定，並非雙方一起達成的同意。

3年長者都應該盡早向家人表達，自己想如何過晚年生活，並且讓家人知道該如何協助自己過這樣的生活。

4不論長輩是在家裡或是安養中心，不論我們是家人或長照工作者，都讓我們盡可能每天多花點時間，和他們說說話吧。

5**其實長輩的每句話都有代表的意義，我們需要耐心地去挖掘他們話語背後的目的。**否則，在我們花很多時間講話之後，不但沒有更進一步了解他們所希望被了解與對待的方式，還因為誤解而大吵一架。雙方都悔恨不已，卻又拉不下面子，那就得不償失了。

盲點9：「醫生，我爸生病後，好愛錢，超煩！」

▼計較的背後，是長輩對子女未曾改變的愛

陪伴失智長輩的家庭日久，常常可以聽到的是一個一個家庭愛的故事。很多問題，表面上看起來很類似，但是我的心得是，細究後會發現每個屋簷下有各自糾結和過不去的關卡，而這些關卡就藏著這一個一個家庭的歷史跟故事。這或許就是我們愈來愈重視個別化照顧的原因吧。

有趣的是，愈是運用個別化照顧的精神去了解每個家庭的故事，我愈有機會發現很多時候大家以為很嚴重、很困難的問題，分析到最後會發現，只要換個角度來看都不

是問題，或者應該說不是大家所以為的，長輩是因為失智才有的特殊問題，看到每個行為的背後都是「愛」。

一位家屬常抱怨失智症患者的改變：「我愛我爸爸，他也很愛我。過去，他總是永無止境的給我，包括錢與耐心，還有『好脾氣』，為什麼生病了以後，他都變了?!現在的他，超愛計較的啊！」

爸媽和子女輩彼此之間，感情深厚，這一點我看得出來，但「愛計較」三個字總讓我聽得糊裡糊塗，只好請家屬多描述一點。

郭爺爺不是愛計較，他是擔心家裡沒錢

他們的家庭事業是生意興隆的餐飲店。生病前的郭爺爺，長年管理店內收入和家庭用度，這個家所賺的錢，主要都是存在他的名下，直到郭爺爺確診失智症，家人擔心日後會遭遇金融上的困難，於是將大筆金額提出後，改存女兒帳戶內。

沒有人把這些改變和背後的考量告訴郭爺爺。

漸漸地，家屬發現老人家變得愛計較。郭爺爺會要求客人少用醬汁、不要浪費免洗餐具。見到客人取用衛生紙，郭爺爺甚至會碎碎念，當場擺臉色給客人看。

家人煩惱得不得了，怕再這樣下去，客人都跑光了，但老人家又說不聽。無奈下，只好來找我討論。

我直接問郭爺爺為什麼要阻止客人取用呢？

郭爺爺是這樣說的：「醫師啊，我坦白跟你說，我家生意看來很賺錢，但其實戶頭裡是沒有錢的！年輕人做生意沒有成本概念，只好靠我來幫忙出面管控啦。」

他還驕傲地追加一句：「你說，我這個做爸爸的是不是很不錯！」

王伯伯每天找公司會計來查帳

上述餐飲店小老闆的問題，其實也會發生在大公司的董事長身上，王伯伯就是故事主角。

王伯伯每回來看門診都由媳婦陪同，兩人總是有說有笑的，看得出來，兩人感情很好。好到王伯伯的媳婦告訴我：「對我來說，我公公比我自己的爸爸還親。我對他是什麼話都能說，向他要東西，是要什麼給什麼。他對我沒有要求，反倒是沒事就給我錢。」

王伯伯半認真，半開玩笑地回應：「我把媳婦當女兒疼。媳婦比兒子還重要，因為養老就靠她了啊。」

一年過去了，王伯伯持續來門診追蹤。但他逐漸出現變化，最明顯的改變是擔心錢不夠用，於是，王伯伯每天找公司會計來查帳。

但此時，**王伯伯腦中記得的是十年前的帳目，所以，他會打電話給十年前向他借錢的人催繳，根本忘了對方已經在近幾年還清了，讓會計和媳婦因為要同時安撫王伯伯和被追債的人而疲憊不堪。**

家人請王伯伯不要再管公司的事務了。但是，王伯伯每天眼睛張開後，想的還是賺錢、查帳，以及把欠款追回來。

另外，王伯伯也執著於長年來買賣股票的習慣。拗不過王伯伯的要求，家人最後妥協了。幫王伯伯把手機設定好，方便他透過手機來處理股票。

沒想到，此舉卻是災難的開始。因為此時的王伯伯因病，已喪失對市場的敏感度，於是他會在股價最低點時通通賣出，卻在高點時買進。

給錢，就是王伯伯表達愛的方式

王伯伯的媳婦帶著崩潰的語氣，求我：「雖然爸爸有不少存款，可是這樣花下去，即使有金山、銀山，也不夠用。拜託陳醫師，你勸勸他。」

我找王伯伯坐下來談：「王伯伯啊，你現在子女都大了，應該是人生好命的階段啊，怎麼不好好休息，讓大家照顧你就好呢？」

王伯伯很認真地回答：「陳醫師，我很愛我的家人。我要當可以幫家裡賺錢的人。我能發錢給大家，大家才會愛我！」

那一秒，我看懂了王伯伯。

原來對長年開公司的王伯伯來說，給錢就是他表達愛的方式。他的確是愛著家人的，只是他的表達方式就是買買買、給給給，而他也相信這樣的方式可以讓愛持續，家人有物質上的獲得，才會愛他。

難怪現在的王伯伯會對錢斤斤計較了，因為要買東西、要發錢，哪是容易的呢？王伯伯知道自己生病了，他需要人照顧、需要被愛，更是拚命地非把錢抓在手上不可。

我勸王伯伯：「王伯伯，就算不發錢給大家，你的孩子們還是很愛你的。他們希望你快樂，不要為賺錢和追債煩惱。」

王伯伯聽不進去，但是他善良的天生個性，就急著希望我別為他擔心。

我知道失智症讓他無法清楚思考，再加上長年累月下來的人際相處核心價值，不是那麼容易改變的，還不如請家屬這邊來處理比較快。

製作假帳簿，好讓王伯伯查帳

於是，我請家屬製作以假亂真的帳簿，每天王伯伯想查帳時，就拿出來，讓他看看帳戶金額，好獲得安全感。

當王伯伯想領錢出來時，也不需要阻止，家屬可以裝模作樣的說已經領出來了，讓老人家身上有錢來發給家人。拿到錢的人，再私下統一繳回即可。這總比讓王伯伯在現實生活中，到處追不存在的債務，或在實際股票市場中受損來得好，不是嗎？

我想家屬也看懂了。生病後的王伯伯不是個性改變，正確地說，他還是過去的他，是那個一直透過錢來換愛的公司老闆，只是過去大家沒看懂他的心，現在疾病讓他自我掩飾的能力下降，這才讓家屬誤以為他變了。

其實，若要說失智症讓王伯伯變得愛計較，我想現在的他，真正愛計較的，與其說是「錢」，還不如說是「愛」；**他心中真正想要的，一直以來都不是錢，而是家人對他的愛。**

余爺爺連步伐都不穩，卻想外出找工作

另一個抱怨個性改變的家庭，是余爺爺的家。

余爺爺一生都是顧家的好男人。每回領到薪水，總是全額拿來當家用。在退休之前，他拚命工作，全心全意要為孩子們打造一個衣食無虞的成長環境。他秉持著這樣的心態，工作到老。

余爺爺老了，本想可以休息的時候，卻發生兒子需要獨自創業，女兒也因為身體出問題，而更換一個薪資較低的職場狀況。擔心兒女的余爺爺，持續領出自己帳戶中的存款，來補助兒女生活之用。但很快地，家人發現老人家也出了問題，於是帶到醫院檢查，發現是失智的徵兆。

生病後的余爺爺，由女兒持續帶來回診。一段時間後，余小姐忍不住向我抱怨：「乃菁醫師，我向來慷慨的爸爸消失了。他變得對錢很計較，總擔心著我們買這、買那，會花太多錢。這也就算了，現在更讓我們擔心的，是他每天都說要出去找工作。他總說要出去賺很多錢回來。我知道他是擔心我們沒錢用，問題是，他連自己走出去的能力都沒有啊，現在的他，每次走路都左搖右晃的、很危險啊。」

看著愁眉苦臉的余小姐，我相信這是個感情深厚的家庭。兒女們擔心老父親跌倒，

老父親怕兒女沒錢用，所以**愛一直都在。只是因為家庭經濟不穩，父親因此擔心不已。**所以，**改變的不是老人家，而是家庭對於經濟的整體氛圍。**

家屬也曾試著增加余爺爺的安全感，於是在老人家抱怨家人都把他的錢拿走時，兒女們會想辦法拿點錢給老父親，希望藉此傳遞「請您別擔心，也不要想出門找工作，我們還有錢用」的印象。

可是父親認定家中經濟困難的印象，加上家裡並不是非常寬裕，再怎樣努力，總會有捉襟見肘的氛圍。氣氛雖然非常隱晦，而失智的余爺爺其實也不是很聽得懂很細緻的事，更不是很會表達，但是余爺爺的感受很敏感。而余爺爺是真的有感覺，所以他才會對金錢斤斤計較。

家庭經濟上的困難，不是短時間內可以解決的事情，但打消走路不穩的余爺爺出門工作的想法是當務之急。

余爺爺雖然生病，但仍感受到家人的焦慮，因此想盡一己之力

首先，我建議家屬正向地安撫余爺爺：「想找工作可以的，只是今天太晚了，我們明天就出去找。」沒想到，此舉效果不彰，反倒讓余爺爺整天都叨念著找工作一事。

於是，**我建議家屬，再換個方法**說：「今天是放假日，大家都休息，我們等假日過後，再出去找工作。」

一開始，佘爺爺能接受，但很快地，佘爺爺變得更執著：「假日才要去工作！你們不知道假日的薪資會加倍嗎？」

家屬只能且戰且走，努力阻止老人家出門。

我想這個家庭的癥結，其實不是在老父親身上。佘爺爺的確是生病了，失智症也的確造成佘爺爺的判斷能力不佳，但真正的關鍵是兒女們改變了。因為兒女們經濟上的壓力，讓家庭中充斥著焦慮的氣氛，佘爺爺感受到了，兒女們又沒能讓他安心。

光想阻止佘爺爺出門找工作，是沒有效的。因為老人家心中體會到的是：「家裡一定是缺錢，卻不想讓我知道。我要努力讓家人生活過得好。」佘爺爺還是那個一心想讓兒女衣食無憂的父親。他只是不知道現在的自己，已經無法做到了。

類似的家庭故事，持續在我的診間上演。

對不理解的人來說，會覺得生病後的老人家變得不可理喻，但**對看得懂的人來說，**

他沒變，他一直都用他的方式愛著家人，只是他的表現方式不是那麼適當，家人間又沒有好好地溝通。基於愛而做的決定，很多時候反倒帶來誤解。誤解之下，造成情感上更大的摩擦。

所以，每當家屬抱怨疾病造成患者的個性改變，我總先勸大家冷靜想想，是不是有什麼因素被忽略了。

或許老人家沒變，而是我們的改變連帶影響了他，只是我們不自覺罷了。而即使有了變化，也不需要太過焦慮，我相信只要是愛還在，家人間彼此還能相互關心，那麼，沒有什麼問題是無法解決的。

醫生的交代愛注意

如何與有金錢焦慮的父母相處？

1不知道大家有沒有想過，錢除了是錢之外，它還代表著什麼意義。在我小時候，我總想著趕快長大賺錢，就可以獨立，所以，錢代表的不只是錢。

2如果自己一個人想不起來如何讓爸爸有安全感，不妨把家人一起找來思考，**從小到大，除了金錢之外，什麼是讓爸爸最有安全感的**，也就是什麼是能讓爸爸覺得自己還是一家之主，以及最被尊重的？

3假如什麼都想不起來，那麼，我們不妨依照這樣的步驟試試看。

①每天早上都跟爸媽打招呼，聊一下今天自己的計畫，以及也聽聽爸媽今天打算做什麼。

②每天晚上回家後，也跟爸媽聊一下今天發生的重要事情，**或是選一件事情來與爸媽聊聊，讓他感受到你們之間仍有親密互動**。

③睡前來點親密時光：例如，謝謝爸媽生了你，讓你來到這個世界，還有因為他們，你才有這個家，可以遮風蔽雨。

4假如不需要金錢來刷存在感，以及身為父母的驕傲，也許父母就不需要用金錢找回身為一家之長的尊嚴。

5**被愛與被感謝，沒有人會嫌多的。**

盲點10：「他這麼難搞，一定是失智的關係！」

▼一個不經意的眼神、一句聽似開玩笑的話，都可能在患者心中留下傷痕。

隨著台灣社會高齡化現象的加劇，與失智症相關的課程和活動日漸增多。有那麼多出席的機會，因此接受民眾提問也是理所當然的事。

不過，隨著被發問的次數增多，我也發現：不管在哪裡舉辦，不論我說過多少次，現場民眾的提問，總會有基本題，其中之一就是：「我要如何說服我的爸爸（或媽媽）去讓醫生檢查是不是有失智症跡象？」

這個問題的出現其實一點都不意外，因為所有的演講者都會苦口婆心地告訴大家對於失智症就是要提早診斷。一旦提早確認了，就可以讓患者（或者疑似的患者）開始參與延緩退化的活動等等。

坦白說，過去的我，也是這樣告訴大家的，但這幾年來，對催促民眾提早診斷這件事，我卻開始猶豫了。

為什麼呢？我來分享一個患者的故事吧。

黃小姐帶著黃阿公來看記憶門診。黃小姐是在偶爾的情況下，聽到宣導失智症的健康講座，她愈聽愈覺得阿公應該有徵狀，於是，好說歹說帶著阿公到醫院來。檢查後，我也覺得黃阿公有記憶力減退的狀況，於是將他排入規律回診追蹤的名單中。但出乎我意料的，黃阿公的退化速度，快得超乎預期。黃阿公整個人很明顯地變得沉默，且沒有元氣。

因為門診主要都是黃小姐陪著黃阿公來看診，於是，我從黃小姐這段時間告訴我的話中來抓線索。

「這不是我一個人的阿公啊！」

剛開始，黃小姐告訴我：「陳醫師，我覺得阿公好像的確變得穩定多了。」但很快地變成：「陳醫師，我覺得阿公明明退化了，可是家裡其他人都說沒有。」「陳醫師，我能不能帶舅舅和阿嬤一起來門診聽你講？這樣，是不是可以幫助他們理解病情和學習照顧？」

接著，黃小姐變得很挫折：「陳醫師，為什麼只有我在乎，其他家人都不相信我的判斷？」之後，黃小姐出現自暴自棄的語氣：「陳醫師，家人說阿公好像已經退化得很嚴重了。我猜是怎麼努力都沒辦法了吧？」黃小姐最後甚至帶著憤怒：「這不是我一個人的阿公啊！」

黃小姐可是整個家中最關心阿公的那個人啊，是她自一開始，就基於對阿公滿滿的愛，才會帶著老人家來醫院做檢查。在確診失智後，也陪著阿公定期回診，並滿懷熱忱地想透過照顧，延緩阿公的退化。所以，若要說黃小姐對阿公不夠好，我一定第一個跳出來抗議。

可是，黃阿公的退化和黃小姐的喪氣的確是事實，這些現象，又是怎麼造成的呢？

除了主要照顧者，其餘的家人反而無意中帶來傷害

我很快地找到答案。黃小姐是熱心照顧失智患者的家屬，沒錯，但這個家的問題，

也正是發生在這裡。

因為這幾年來，在這個家裡，也就只有她學著認識疾病和學習照顧方法。可能是其他家人太忙了，也或者是他們覺得有黃小姐熱心處理阿公的事情，自己只要從旁協助就好。

但再怎麼懂照顧，黃小姐還是要工作。黃小姐每天可以陪著阿公的時間，大概就是一兩個小時，可以說一天當中大部分的時間裡，黃阿公是由其他人陪伴與照顧，而他們大部分對於這個疾病，都還懵懵懂懂。

於是，照顧不佳的狀況就出現了。例如，黃小姐曾描述她下班後踏入家門，正好聽見阿嬤在罵阿公笨。

黃小姐說：「陳醫師啊，我阿公以前當過里長呢！他哪裡會笨啊？那天，阿嬤罵阿公好笨。原來是阿公洗衣服時，出了點小差錯，結果阿嬤就一直罵。後來阿公就不再幫忙洗衣服了。」

她苦笑：「阿公其實還可以掃掃地、幫忙整理家裡，可是阿嬤覺得他沒做好就開罵。**有時候阿公想幫忙，連動手都還沒有，阿嬤就開始念他什麼事都做不好。結果阿公一天中，大部分時間就是在沙發上坐著，人變得愈來愈沉默。**」

聽到這裡，我也長長地嘆了口氣。

失智阿公說：「我覺得自己是一個不被尊重的人。」

黃阿公安靜地坐在一旁，看著眉頭深鎖的孫女和我。

我問黃阿公：「阿公，你知道怎麼用洗衣機嗎？」

他回答：「把衣服一件一件放進去，加上洗衣精，按『開始』。」

我精神振奮了一點：「很棒！這個順序很正確啊。阿公，你要不要回家後，再嘗試做做家事？」

黃阿公的眼神充滿無奈：「陳醫生，我跟你說，前幾天，我太太叫我拿一些抄寫的書籍到社區據點去，我就搬了一百本過去。可是搬去後，社區據點的人說沒有空間可以放，請我拿回家。其實，那當下我真的不知道該怎麼辦。我太太很兇。我拿回家，一定會被罵，可是不拿回家，社區據點的人又說量太多，沒有空間放。我覺得自己是一個不被尊重的人。」

說著，說著，黃阿公的眼睛有點霧氣了。我忍不住跟著一起心酸。

對失智患者的歧視

其實，我知道黃阿公的左鄰右舍會在他背後竊竊私語：「里長怎麼會得『這種病』！以前是那麼俐落的一個人。唉，是不是哪裡有毛病，才會這樣?!」**表面上聽起來，大家好像很同情，但實際上，這是一種憐憫和不友善的態度。**

從說話者的角度來看是言者無心，可是，對身為患者的當事人來說，聽到的每一個字，都像是在心頭上的一根刺。感覺大家都在說：「你不行了。」「你一定是哪裡不好，才會變這樣。」這不正是對失智患者的歧視嗎？

黃阿公並沒有否認自己生病了。他為了延緩退化，也願意到據點參加活動，可是他真的喜歡這些活動嗎？

他說：「我喜歡玩遊戲、運動和桌遊，就是不喜歡畫畫。可是，在據點裡大家都要一起做一樣的事情，所以每次的畫畫課，我就會放空。可是身旁的人不接受我放空，會一直鼓勵我參與，但我就是不喜歡啊！我不是不會畫，就只是不想、不喜歡。為什麼就要被說是一個不合群的人呢？」

就我的了解，在黃阿公的據點裡，長輩們主要都是女性，只有他和另一位長輩是男性，平常還可以互相作伴，但當另一位男性長輩沒出席時，當天，他的參與程度就更差了。想想黃阿公的無奈，我都能感受到他心頭上的壓力。

說起來，這就是失智患者常遭遇到的現象，也因此，這些年來，我對於是不是一定要催促兒女們帶著老父老母到醫院做認知測驗這件事，變得遲疑了。

失智患者面對不友善的照顧環境

當然，提早發現、提早應對是普遍的通則，我絕不反對。可是，若提早確診的患者，面對的是不友善的照顧環境。對他們來說，不正是一種更大的傷害嗎？以黃阿公來說，在家裡的他，遭遇到家人們的冷漠態度和言詞所傷害。出了家門，到據點參與活動，**本該是幫助他維持人際互動、延緩退化的環境，卻因為工作人員希望大家一起做，讓「熱切」變成「壓力」。**

黃阿公左右為難，哪裡都逃不了。更糟的是，大家都覺得是他有問題。

「他這麼難搞，一定是失智了的關係！」我猜黃阿公身旁的人，多多少少都曾流露出這樣的態度。即使不說出口，即使阿公的確是確診患者，但他又怎麼可能看不出來、感受不到呢？

於是，每當被問到要怎麼鼓勵長輩去看醫生時，我更想問的是：「你們準備好了嗎？家裡的人都知道怎麼照顧失智患者了嗎？身旁的親友和鄰居、社會環境都準備好，以正確的方式和患者相處了嗎？」

如果沒有把握，準備好家庭和社會環境，即使患者確診了，又怎麼樣呢？往往只是帶給他們更大的傷害啊。

我們都該學習，當面對失智患者時，以正確的態度對待

我不是要對失智篩檢喊停，我想強調的是，在推廣篩檢的同時，我們更該教育患者身旁的人，都要以正確的態度來面對。

例如黃阿公不喜歡畫畫，那麼，為什麼我們不能尊重他的不喜歡呢？**他若選擇在教室的角落，做自己喜歡的活動，也是一種延緩退化啊。**若他在以女性為主的教室中，感到形單影隻，那麼，大家可以事先協調好，讓他對於哪天另一位男性長輩不出席，有個心理準備，降低他的排斥感。

回到家裡，家人們更該理解最親近的人，有時會帶來最大的殺傷力。一個不經意的眼神、一句聽似開玩笑的話，都可能在患者的心中，留下永遠的傷痕。即使是一開始基於善意的那種「他失智了，難怪做不好，那麼，不要讓他做了」的想法，到後來，也可能成為患者的自暴自棄：「反正我怎麼做都被罵，那麼，我乾脆都不要做！」

對患者來說，「關心愛護」和「憐憫嫌棄」有時候界線是很模糊的。所以對照顧者來說，需要理解怎麼去抓好日常應對上該有的分寸。這的確是個大學問，我想，只要我們隨時提醒自己「尊重」，大概就錯不到哪裡去。

的確，失智症是一種疾病。的確，這種疾病會造成患者的功能退化。但我們依然要尊重他們身而為人的自主意願，並不是他確診了，就馬上變成另一個人。確診前，大家都還會問他想做什麼、想吃什麼，可是一確診就什麼都不讓他決定。一旦出錯，就自動歸結到一定是疾病的影響，這樣的生活過起來，真的太辛苦了。

所以，**正確的失智照顧，往往是比正確的失智篩檢更重要的事。**

醫生的交代愛注意

如何與剛開始退化的長輩互動？

1 一位長輩曾說：「疾病診斷就只是診斷，我還是我。」若長輩診斷出疾病，那麼中**年子女的我們，不能只看到疾病，而應該還是要看到長輩這個人，更要顧慮長輩的心情。**

2子女別上網搜尋一堆疾病相關的症狀，然後開始幫長輩生活的每種表現與疾病相關症狀，妄自配對，這樣長輩會覺得好像一直被貼標籤，他們心裡會很不舒服。

3**為何有這麼多長輩拒絕就醫呢？因為就醫後，可能讓長輩變成「病人」**。特別若被診斷出認知功能開始退化，但他們其實仍有自己的想法，也有感情，更有想保護家人的意志，但是這些卻容易被忽視。所以，要努力維持我們與長輩原本的互動模式（也就是尊重及聆聽他們的想法），才不會讓長輩害怕持續就醫。

4如果不知道應該要如何互動，就先維持著過去習慣的互動，但可以把生活中發生的奇怪互動寫下來，再私下詢問醫師、護理師。**最大的原則是，在不傷害父母尊嚴的情況下，再微微調整與父母的互動方式吧。**

盲點11：住院的奶奶想下床走一下，就被警告：「不行」、「很危險」

▼尊重患者自主，是照顧者重要的功課

當一個醫師，巡查病房是每天例行的工作，但踏入病房後會見到家屬與患者什麼樣的狀況，還是每天都不一樣。

那天，進入李奶奶的病房內，迎面而來的就是看護的抱怨：「陳醫師，奶奶不乖。大便後，想要自己擦，但她在床上翻身要去拿衛生紙來擦，總是把自己搞得雙手都是大便。」

看護進一步解釋：「陳醫師，奶奶的雙腳有狀況。為了安全，我都不敢讓她走路，所以只讓她在床邊坐著。要大小便時，就讓她在床上解決後，我再幫她整理。」

看護不是不關心奶奶的，因為她擔心地問我：「陳醫師，阿嬤今年都八十六歲了。她出院後回家，是要自己一個人生活的，你可以建議讓她請個外籍看護來照顧嗎？」

於是，我轉頭看看家屬，家屬立刻附和看護的話：「我媽媽的雙腳真的有狀況，看護說下床走路很危險，所以出院後，我看的確需要有個外籍移工，媽媽才能被好好照顧。」

從看護和家屬的話聽起來，老奶奶似乎只能躺臥在床上，頂多坐在床沿邊踢踢腳，一天當中的飲食和排泄問題都需要在床上解決了。

奶奶的真實心情

但，真實狀況真的是這樣嗎？於是，我轉頭問當事人：「奶奶，你自己怎麼想？」

奶奶很認真地回答：「我想自己生活，不要什麼事情都是別人幫我做好好的。如果我出院了，需要請個外籍看護，那是因為我沒跟孩子們住，他們不放心我一個人在家。這樣的擔心，我懂。」

奶奶語氣一轉：「可是在醫院裡，雖然我的腳有點問題，但沒住院前，我還不是一個人生活，這次是摔倒後有點頭暈，就被送進來住院。一住院，大家就說我只能一直躺在床上。我想下個床走一下，就被警告說『不行』、『很危險』。」

聽完患者、家屬和看護三方的話，我心裡就有數了。

「你不准再禁止奶奶下床！奶、奶、她、自、己、做、得、到！」

不論是現實狀況來看，或者是以患者的本身意願來評估。奶奶出院後的生活，基本上還是要靠她自己一個人的，而現階段還在住院期間，**醫療處置的最主要目標，應該是要協助奶奶能出院後獨自生活。**

於是，我開醫囑，請物理治療師來協助評估，以及進行床邊復健，接著請負責出院準備服務的個案管理師，協助安排返家事宜。

本來想這樣應該沒問題了。但有天經過奶奶的病房門口，卻意外聽見房內傳出物理治療師非常大聲又嚴厲地斥責看護：「你不准再禁止奶奶下床！我正在教她怎樣安全下床走路。」物理治療師加重語氣，一個字一個字的說：「奶、奶、她、自、己、做、得、到！」

聽到職能治療師近乎氣急敗壞的聲音，我心中非常有感。

什麼都不做，反倒讓奶奶退化了

的確，奶奶住院後經過各項檢查，數值全都正常，所以她真的只是意外在家中滑了一跤，受驚嚇後有點暈眩，再加上有了年紀，感覺腿部有點退化，但除此之外，沒什麼大問題，真的不需要看護和家屬在旁限制這個、管制那個。什麼都不做，反倒讓奶奶退化了。

再說，即使住院期間都不下床活動，奶奶回家後是需要獨自生活的，難道她還能維持不走、不動嗎？幸好有醫療團隊的堅持，努力幫助奶奶做好出院後的準備，於是奶奶順利出院，也能依照她的心願，回到屏東老家，過獨立自主的生活。

我們因為害怕，而限制長輩的能力

每當有這樣的例子發生，我總會感慨良久。

因為我一次又一次見到，**在照顧老人家的過程中，大家輕易地以為他們老了，所以很多事情都不可能做，或最好不要做。**

但這真的是最好的方式嗎？我們有沒有想過，他們還有許多可能性，還有許多事情是他們可以自己獨力進行的。即使是年紀大了點，也不代表身體功能全都罷工了。為什麼我們卻要因為害怕，而主動限制他們的能力呢？

再說，**年長者也是人，跟所有人一樣，都有自己喜好的生活方式以及每天想做的事情**，所以我們能不能在照顧他們的同時，也記得要尊重他們想獨立自主生活的心願呢？

我們可以設身處地來想想，現今兒女輩婚後都喜歡搬離老家，自組小家庭，這樣的安排多半和婚後不喜歡和長輩同住的心情有關，因為總覺得一起住會被管東管西。問題是，這樣的心情難道只有兒女輩獨有嗎？有沒有可能寡居已久的老媽媽在鄉下住十幾年了，有習慣的生活圈和生活方式，屋內大小擺設，也都能按照自己的心意使用。對她來說，改住到子女家中，雖然有人陪伴，但或許考量世代間不同的生活習慣，帶來種種顧慮和因之而起的壓力，她更不想放棄獨居的自由呢？

床上的棉被動了一下

其實，這樣的心態不只年長者獨有，我也在另一名患者黃小姐的身上看見了。

黃小姐四十八歲，是智能受限的身心障礙者。那天，我到她病床邊，見到她把自己緊緊地包在棉被裡面，拒絕和任何人說話。

我問：「怎麼了呢？」黃小姐的姊姊向我解釋，他們感覺這次住院後，妹妹退化得很嚴重，所以家屬想安排她從家裡搬到安養機構內居住。

家屬進一步解釋：「聽加護病房醫師的說明，我妹妹這次生病後，會遭遇好多難處理的狀況，而且在我們看來，她的確也沒有恢復到過去的樣子。你看她整天躺在床上，完全沒有鬥志。最近更嚴重，你看她都把自己包在被子裡面，不出來了。」

「那麼，過去的她是什麼樣子的呢？」我問。

姊姊說：「她是智能發展不足，還有癲癇的狀況，維持固定看診。雖然無法工作，但是平常生活都可以自理。她很愛笑，喜歡吃麥當勞，白天我們送她去教養院上課，晚上回家。」

我又問：「那麼，她最近有發生過什麼事嗎？」

姊姊說：「上個月，她頻繁腹痛，所以我們決定讓醫生把她的膽結石拿掉，開刀也順利，但回家後，不到十四天就發生癲癇，我們趕快送去住家附近的醫院急診，卻被拒收，於是趕緊轉你們醫院。可是一到醫院，就被通知入住加護病房。醫療人員告訴我們這樣的癲癇發作之後，腦部會受傷，認知功能只會更退化，我們眼前的妹妹就和之前的樣子有很大的不同了。」

在姊姊憂心忡忡講述的過程中，我發現在床上的棉被動了一下，一隻耳朵悄悄冒了出來，偷聽我們的對話。

我心中笑了一下，不著痕跡地指給姊姊看，接著提高聲量說：「那麼，是不是沒生病了，妹妹就可以回家？她就不用到其他地方去住了？」

姊姊說：「如果狀況跟過去一樣，她當然可以回家，繼續去她喜歡的學校上課啊。」

聽到這裡，我看見裹得緊緊的棉被鬆動了。於是，我走上前去拉開被子，黃小姐睜著亮晶晶的眼睛看我，我好言好語地問她：「如果你恢復了，我們就晚上吃麥當勞，後天回家，好嗎？」黃小姐大力地點頭。

隔天早上，我再踏入病房時，黃小姐已經自己進入浴室洗澡了。再過了一天後，我就簽署同意，讓她們回家了。

她感覺自己要被遺棄，所以才會沒鬥志的躺在床上

不過，在出院前，我把姊姊拉到病房外，私下交代：「其實啊，你妹妹是懂得的。她感覺自己要被遺棄了，所以才會完全沒有鬥志的躺在床上，都不動。對她來說，急診住院，甚至進入加護病房被隔離，她心中應該也很恐懼。等好不容易都撐過了，終

於轉移到一般病房，感覺是穩定了一點，但這時候聽到的消息卻不是『回家』。身旁沒有人注意她的感受，她應該是非常惶恐、害怕的。」

我頓了一下：「**以後不論妹妹有什麼變化，你們都好好跟她說明和討論，好嗎？**」

醫生的交代愛注意

我想**年紀不是照顧方式的單一決定因素。**不論年齡大小、生理功能如何，我們都是人，都保有自己的意志。所以當沒有人詢問我們的意願，沒有問過我們的感受，就擅自決定我們該被如何照顧、出院後要去哪裡，那麼，即使是出於善意，應該也不會讓我們欣然接受吧。

將心比心，讓我們在照顧時秉持善念，但也維持對個體的尊重。

我時時提醒自己要尊重眼前人，不論年紀和智力程度。只要是人，依照自己想要過的方式生活，就是一種基本人權。

照護新觀念——自立生活

1 **自立生活就是擺脫鼻胃管、尿管，甚至尿布的生活。**

2 孩童期，我們努力地要自立生活。老年後，我們卻努力讓長輩依賴？為了安全，把長輩關在床上？

3 生活本來就有風險，孩子會跌倒，成年的你、我，也會跌倒。不能因為怕跌倒，就不走路，綁在床上。

4 自立生活就是教會長輩自己安全地吃飯、走路、上廁所。

5 **自立生活的訣竅就是要認真訓練。**嘴巴要做健口操、走路、起立、坐下來等。**生活的點點滴滴都算是運動**，甚至認真喝水之後，常常上廁所，也是一種運動。

6 最重要的是，**我們要相信長輩可以自己做好，不要輕易出手幫忙。**

7 相信自己的日常可以靠自己之後，也會有面對與處理複雜事物的能力。

盲點12：「醫生，有沒有藥物可以讓媽媽吃了，不會去偷吃別人的食物？」

▼不要用刻板印象看待長輩，家屬細心觀察後確認，才是雙贏的照顧

照顧失智長輩真的不容易。我的許多長輩入住養護中心，靠專人照顧，但這不代表家屬對家人的關心就少了，或從此後就能對照顧工作撒手不管。

更多時候，**反倒是需要用到家屬從小到大對父母的認識**，並且依照著他們的喜好，來與新的照顧者良性溝通，才能幫助自己的爸媽，在陌生的地方獲得更好的照顧。

養護中心的聯繫單，僅能當參考

我們都知道住在養護機構的長輩回到醫院返診時，常常會帶著一張機構觀察到長輩最近狀況的重要溝通紀錄，給醫院門診的醫師，作為看病的參考。

王奶奶的兒子返診時，帶著奶奶和聯繫單，我看到他看著聯繫單上面關於媽媽的評語，一直搖頭。於是，王奶奶的兒子帶著老媽媽返診時，就頻頻交代我，不要對養護中心聯繫單上所寫的內容太當真，因為他知道寫是這樣寫，但奶奶出現問題行為的頻率，頂多每個月一次，請我真的不需要為此就對王奶奶有刻板印象，並且因為這樣的紀錄，就使用一些讓她變乖、變安靜的藥物。

這般正向思考的態度，讓我讚嘆不已，更欣賞的是他懂得站在長輩的立場，思考怎麼樣才是正確的照顧方式。

在養護中心的媽媽，偷吃別人的食物?!

可惜，很多時候來到我面前的家屬，多半帶著焦慮的語氣。例如，陳小姐就要求：「乃菁醫師，有沒有藥物可以讓媽媽吃了後，就不會去偷吃別人的食物呢？媽媽住的安養中心向我抱怨很久了。他們說媽媽一走過去就順手把其他長輩的東西拿起來吃。」

我馬上稱讚：「陳媽媽食慾很好啊，不錯呢！」

陳小姐苦笑：「醫師，你搞錯重點了。」

我半認真，半開玩笑地說：「這是重點啊。長輩能有好的食慾，很珍貴呢。你看養護中心內那麼多不想吃、吃不動的老人家。」

陳小姐無可奈何地說：「是沒錯啦，可是我媽媽偷吃別人的東西，看在機構眼裡，就是不對的，很困擾啊。」

我說：「我能理解。可是看到老人家這麼有精神，不但把自己的分量吃完，還能自由自在地到處走動，去拿別人的分量來吃，不也是開心的事嗎？若是心情不好或身體不健康的人，即使硬要叫他們吃，還吃不下呢。」

聽到我這樣講，本來眉頭深鎖的陳小姐，忍不住笑出來。

養護中心的做法，是為便於管理，但不一定是對的

我繼續開導她：「你想想住在安養中心裡的長輩們的模樣，難道是每個人都有能力健步如飛地到處走，亂拿別人的東西嗎？」

陳小姐邊回想，邊說：「不是呢。機構內的老人家大部分都面無表情、食慾不振，走起路來左搖右晃，也沒有力氣亂拿別人的東西。」

我說：「那麼，你懂我的意思了。**我們要先欣賞你媽媽還保有的能力啊**，之後，再來看安養中心聯繫單上寫的內容。」

陳小姐拿起聯繫單來讀：「機構希望我們能想辦法，讓媽媽不要到處走，不要拿別人的東西來吃。」

我嘆氣：「這樣真的好嗎？強制長輩不能到處走動。有想吃的東西，卻連多吃一份都不可以。**大家只抱怨你媽媽會拿別人的點心來吃，可是沒有人問她是不是沒吃飽，或者太喜歡，所以還想多吃一份**。住機構不代表每個人就只能被限制在規定的範圍內行走、吃固定的分量，多走一步，或多吃一口就犯規了，不是嗎？」

說到這裡，我乾脆直接問陳媽媽：「看來你喜歡吃蛋糕？」

陳媽媽用力點頭：「我好喜歡蛋糕。」

我對陳小姐說：「現在懂了吧。你再回想一下機構的長輩們，他們大多是很有活力的樣子嗎？還是睡醒後，吃機構規定的分量，但很多時候甚至吃不完？你常看見他們的笑容嗎？」

陳小姐聽懂我要傳達的意思了：「醫生，你說得沒錯。長輩們多半面無表情，長久下來，也搞得我糊裡糊塗的以為這樣才是常態。現在，我才想通**機構的工作人員希望**

我媽媽和其他長輩做一樣的事，不見得是對的。」

我進一步提醒她：「你媽媽很瘦呢。若是天天都把別人的分都吃下去，還能這麼瘦嗎？」

陳小姐臉上出現恍然大悟的表情，我趁機告訴她李爺爺的故事。

生病了，所以什麼都做不好?!

李爺爺有著老式的個性，一輩子老實又不多話。退休後的他就安穩的待在家中，李奶奶請他掃地，他就掃地；請他洗衣服，他就洗衣服；請他買東西，他就去買東西。他不會主動搶事情做，但對老伴交代的任務都能好好完成。

後來李爺爺生病了。失智症讓他記憶力變差，完成事情的能力多少受到影響。急性子的李奶奶開罵了：「怎麼這麼簡單都做不好?!算了，你都別做了，反正也做不好。」

李爺爺來回診時，很委屈地對我說：「其實，我是很聽太太話的人，但我不太會說話。我老婆叫我做，我就做，說我笨，不讓我做，我也就不做。我都聽她的，她還是一直抱怨，我都不知道到底該怎麼做了。」

我想這對老夫妻的問題關鍵不在生病上，更正確地說，應該是長年下來夫妻男主外，女主內的分工方式上。

做先生的自年輕起就少做家事。退休後的他，一來不熟練，二來老伴心中有既定印象：「先生都不幫忙做家事，他是什麼家事都做不好的人。」後來加上爺爺生病這件事，放大了奶奶心中的刻板印象，於是，她認定了老伴就是什麼都不會的人。

其實認真分析下來，李爺爺並非什麼都不會，他只是無所適從。生病的確造成他的能力減低，但還遠不到無法執行的地步。

口拙的李爺爺很無奈，做也不是，不做也不是。似乎一被認定「生病了，所以什麼都做不好」，李爺爺就變成太太眼中只有吃喝，什麼都幫不上忙的大老爺了。

這樣的對待方式，自然造成李爺爺心頭上的壓力，他的情緒也不好。**我更擔心被安上刻板印象的他，從此對於家務參與變得意興闌珊，那不就退化得更快了嗎？**

長輩是照顧計畫中，最需要被考量的

所以，我們照顧長輩時，要提醒自己放開心胸，多站在他們的角度去看事情，不要因為別人的看法就認定長輩就是有問題。

正如機構會給家屬寫聯繫單，單上的內容代表他們對長輩的看法，但他們的看法，不見得就是長輩的想法。有時候，甚至不見得都是正確的，家屬不需要馬上就因此限制長輩的所作所為。

我明白家屬將長輩送往機構照顧，會怕長輩造成照顧人員的困擾是正常的，但千萬不要因為怕帶來困擾，就對機構的說法全然接受。

我們要不斷提醒自己，長輩才是整個照顧計畫中最核心的那個人。**如果光為了照顧方便而造成長輩的不愉快，那不就本末倒置了嗎？**

以陳媽媽的例子來說，就我看來，每次來回診的陳媽媽不吵不鬧，對各項檢查也都能配合，說起來，其實狀況算保持得很好，所以家屬真的也不需要因為機構寫了幾句話，就陷入「慘了，我媽媽變得糟糕」的想像中，甚至**因為怕被機構嫌棄，而過度緊張到反過來責怪長輩**。

要知道**長輩居住在機構內，很多時候，都要配合著群體的作息而限縮了自己的心意**。若家屬還不能站在長輩的立場來思考，為他們發聲。那麼，機構生活也未免太過委屈了呢。

我知道家屬不容易，受限於生活上和照顧上的壓力，必須把長輩送往養護機構或日照中心等地照顧時，為人子女者就跟過往的父母送小孩上幼稚園很類似，會對工作人員某一句抱怨就提心吊膽，但我們要記得，幼稚園老師同時間要看著那麼多小孩子，也不見得每個層面都能照顧到啊。

所以機構人員會將某件事情記錄下來，或許真的是行為問題，但也可能是因為特殊發生的事件而被記錄下來，不代表真的頻繁發生，更不見得被記錄下來，就一定是問題行為。

請家屬不要急著就跳入機構的觀察角度來看長輩，最好還是靠**自己先細心觀察，並且和長輩討論後，再來下定論，據此再找出解決方法**，這才是真正對長輩和照顧單位來說雙贏的方式。

醫生的交代愛注意

如何處理爸媽的投訴單？

1小時候老師記錄我們上課的表現是在聯絡簿上，長大以後，收到的是輔導處的警告單。沒想到，老的時候，收到的是日照中心（養護中心）的投訴單。記錄著我們沒有好好睡覺、四處亂走等身心各方面，所有不美好的表現。

2 如果長輩看得懂，也聽得懂，那麼，何妨先換位思考，如果換成是我們被申訴，然後聽著醫師跟兒女說著自己的千般不是，不知道我們心裡是否百感交集。更慘的是，當醫師與孩子只是因為看了紀錄，就無情地判斷自己有問題，讓我們連申訴的機會都沒有時，我們會不會感到很絕望？

3 **每一個特殊事件都不應該沒聽完，就直接下結論**。我們可以這樣做：

①詢問特殊的行為是發生在什麼時候，那時候長輩有沒有睡飽、有沒有吃飽、有沒有發生生活中任何他不適應的變動。

②特殊的行為整個月只有發生一次？還是每天都有這樣的狀況呢？

③也許請個假，讓父母回家住幾天，讓我們自己也觀察一下父母的狀況。

4 只要父母還能開口說，都應該要**聽聽父母怎麼說**。

盲點13：為讓家人來看她，阿嬤要求掛鼻胃管，卻弄假成真，愈來愈退化

▼誰擁有解開長期照顧枷鎖的鑰匙？患者的心態最為關鍵

我是跑居家醫療的醫師，因為長年累月的到宅看診，對病患家庭的認識，自然深多了。

阿嬤的苦情戲

那天，到訪的阿嬤是我熟悉的老病患之一。她一輩子都是家庭中的主軸人物，就像管理一家公司般，管理家中所有人的生活起居和成長過程中的大小事，可以說她是這

個家庭的重心。發號施令，讓她忙得團團轉，但從另一方面來說，也讓她成為眾人注目的焦點，她擁有眾星拱月般的關注力。

幾十年過去了，小孩會長大，父母會變老，這個家庭的孩子們開始成家立業，各自組成小家庭。當初被稱為「媽媽」的家中司令官，開始變成大家口中的「阿嬤」。同時，孫子們一個接一個的出生，下一代開始成為大家關注的焦點。

阿嬤年紀有了，身體健康走下坡，逐漸展開看病和養病輪替的老年生活。她的先生和兒女們非常關心，總陪著她在不同的醫院間奔波。

但阿嬤每回看完病後，就要來齣苦情戲。叨念著自己身體好虛弱，大家怎麼不多關心她之類的話語。

我是在跑居家醫療服務的過程中認識阿嬤。一開始，我看見阿嬤臉上掛了條鼻胃管，理論上，是需要協助進食的病患，才需要這樣的處置，但在我家訪的過程中，我發現阿嬤說起話來滔滔不絕、元氣十足。

我評估後，認為應該可以移除鼻胃管，讓阿嬤自行由口進食。畢竟插上鼻胃管和灌食，都不是多讓人舒服的事情。

沒想到，我的提議被拒絕了。

阿嬤刻意掛上鼻胃管?!

阿嬤搖頭，說：「這樣插著，可以的。」

阿嬤的舉動完全顛覆我的經驗。過往，我只經歷過被強制插上鼻胃管後，急著要拔除的患者（甚至還不得不出動約束）。

眼前的阿嬤，卻是第一個聽到要拔除鼻胃管，卻滿心不樂意的患者。

這是怎麼一回事呢？一頭霧水的我，轉頭看看站在一旁的家屬。

家屬技巧地將我帶到一旁，悄悄地對我說：「陳醫師，我媽媽覺得插上這條管子後，大家都會來關心她，所以怎樣都不願意被拔掉鼻胃管。她就是希望我們照三餐來看她。」

聽到這樣的話，再回想阿嬤的過往人生。我恍然大悟，眼前這個老人家是在「討愛」了啊！

那麼，能不能直接讓阿嬤感受到「被愛」，而不是掛著鼻胃管來討愛呢？

面對我的提議，家屬還是搖搖頭：「**媽媽覺得鼻胃管就是她最好的護身符。**因為身上有明顯的管路，就證明她需要被大家照顧和呵護。」

聽到這樣的回答，本想為阿嬤安排做吞嚥訓練，以及語言治療的我，只好默默將想法吞進肚子裡。

阿嬤刻意含著口水說話?!

於是，阿嬤繼續掛著鼻胃管，我持續每隔一段時間，透過居家醫療去家中看她。

但近來卻發現狀況有異，阿嬤講話愈來愈不清楚。本來口齒清晰的老人家，現在講起話來，就像有口水卡在喉嚨裡。

我問家屬這是怎麼了。

家屬無奈地嘆口氣：「我媽媽發現只要她有口齒不清的表現，我們就會在她身旁，耐心地重複問，直到終於弄清楚她的意思為止。如此一來，待在她身旁的時間就會久一點，所以她就開始含著口水說話了。」

我又訝異，又擔心：「真的不是因為吞嚥困難嗎？」

家屬要我安心：「陳醫師，我們試過了，只要我們放話說：『你說的，我聽不懂。你再不把口水吞下去，把話說清楚，我就要走了。』聽到這樣的最後通牒，我媽媽馬上就回復到口齒清晰的狀態了。」

看著眼前的家屬因為照顧阿嬤而疲倦萬分，阿嬤卻有意無意地讓自己持續衰退下去，我也心急了。

此時，我想起家中另一位長輩的狀況：「你爸爸還好嗎？」

家屬回答：「陳醫師，你真是問對了！有一陣子，我媽媽總是要求我爸爸待在家裡，哪邊都不能去，就像被她牢牢綁在身邊一樣。我們發現爸爸開始有憂鬱和失眠的跡象，與人的互動反應也變差了，嚇得趕緊送他去社區據點，與其他老人家一起活動。

「我們告訴爸爸：『不能家中的兩個老人都倒下來。』還好，這樣安排之後，爸爸的身心狀況改善了不少。只是當白天據點活動結束，我爸爸晚上回家看到我媽媽的狀況後，還是忍不住頻頻嘆氣。」

家屬的話，讓我放心了一點。心想至少阿公的狀況穩定下來了，所以我們可以專心處理阿嬤的問題。

阿嬤堅持整天躺在床上

於是，我好言好語提出建議：「阿嬤，你不用每天只是躺在床上，其實你可以坐輪椅、出門曬太陽，要不然去客廳坐坐，看電視也很好啊。」

對於我的建議，阿嬤只是搖頭。

我再換個角度勸說：「現在你只是整天躺在床上，透過廣播，聽上人說話，不然裝台電視在床邊，讓你看看大愛台，好不好？」

我期望順水推舟，讓阿嬤至少看看電視，接收一些外來訊息，或許電視劇會在某個時刻刺激阿嬤，改變想法，讓她體悟到自己要努力照顧自己。

我最希望阿嬤理解她自己才是最能幫助自己好起來的人。別人的言語與陪伴再怎麼好，都沒辦法幫助她保持健康的。

可惜，我又遭到拒絕了。

頑固的阿嬤很堅決地搖頭：「不用！我躺在床上，等大家來看我就好。」

我只好摸摸鼻子，打了退堂鼓。

「討愛」的阿嬤，愈來愈讓自己退化

走出阿嬤的房間後，家屬苦笑地說：「這也是一種情緒勒索，對吧？」

我也只能嘆氣：「老人家討家人的關愛，也是有的，但一般都是嘴上說說而已，我還是第一次遇到弄假成真，還讓自己愈來愈退化的長輩。」

此時，我看見站在一旁的外籍看護，想到阿嬤這樣折騰自己，一定也讓看護辛苦了，於是問她：「你還好嗎？」

看護坦白地說：「阿嬤就是一直要人扶下床，再躺上去，再下床後，又上去，還要一直帶去廁所，就這些比較辛苦而已。至於阿嬤會含著口水講話……反正我也聽不懂啊。」

家屬忍不住說：「我們盡最大的努力來對媽媽好，可是媽媽這樣折磨人，受苦的不只是我們做家屬的，也有自國外來當看護的她。」

家屬語氣中帶有對外籍看護的心疼，但很快地，又話鋒一轉，和我分享祕密：「你現在看看護乖乖的，其實啊，她的乖只是在我們面前而已。我們知道，背著大家的時候，她會朝媽媽偷偷吐口水，還有幾次做出刺激媽媽的舉動，例如，故意在老人家旁邊唱歌、跳舞，表示自己很快樂，這就讓媽媽更不快樂了。」

我聽得瞠目結舌，但也不能說看護妹妹完全是錯誤的一方。我了解這些行為是她宣洩壓力的方式，可見得阿嬤討愛的行為，帶給身旁的人多大的壓力了。

認真說起來，這其中受苦的人，可不是只有家屬和看護而已，我相信連阿嬤自己都身受其苦，只是她不自覺，也絲毫不想改變現狀。

這一切的癥結都來自阿嬤，她是唯一能破解這個困局的人，但如果她自己不願意想通，不但她不快樂，周圍的人，也只能跟著一起痛苦。

那天，離開阿嬤家前，我再次安慰家屬的辛苦。

我祈禱阿嬤有天能終於想通，幫助她自己，也幫助照顧者們。在等待的同時，或許我們可以一起從中學習。畢竟長期照顧就像一堂全家共同參與、一起成長的課程。當見識到阿嬤造成的困境，我們更要健全自己的心態，**時時警惕自己的健康和快樂，都不能仰賴他人供給，唯有靠自己為自己努力。**

眼前我們可能都無法改變上一代的想法，但因為我們深愛著父母，所以我們願意盡力陪伴，可是將來我們終有老去的一天，所以我們要提早為自己的晚年預做準備，避免自己為下一代製造困擾。

坦白說，屆時下一代可能沒辦法，也沒有意願如此忍受我們的討愛行為呢。

精神與肉體的情緒勒索，受傷最深的其實是自己

1用傷害自己的方式來獲得注意，往往必須付出最高的代價，而且最後可能自己受傷了，但還是沒有人來愛你。

2建議尋求精神科醫師或心理師的協助，尋找是否有方法，幫助用傷害自己來情緒勒索的長輩。

3當情緒勒索發生時，通常會有一個是勒索者，而另一個是被勒索者，但常常兩個人都很辛苦，也不快樂。**如果被勒索者不懂得求救，我們就要設法減低傷害，去關心被勒索的長輩**。例如，上述案例裡的爺爺為了照顧奶奶，但卻灰頭土臉，因此，爺爺憂鬱又失眠，後來請來了外籍看護後，把爺爺送到老人大學去上課、參加旅遊團。不開心的奶奶依舊不開心，可是爺爺重新找到生活的快樂，也在爺爺臉上重新看到笑容。

4當我們用盡各種照顧方式都無法滿足長輩，最後，我們可能心力交瘁，所以**我們應該要設定自己能夠付出的底線**，千萬不要燃燒到自己的身心也出現狀況。

5照顧的方式，以「自己能長久這樣做都不累」為主要考量與重要方向。

盲點14：照顧父母要子女公平分擔，所以李媽媽在三個兒子間過游牧生活

▼長期照顧首要並不是求公平，手足分攤需要同心協力和相互體諒

我的父母和祖父母那一輩，所生的孩子似乎都不少。對他們那個世代來說，一個家庭似乎最少也有三個孩子，所以等到他們老了，需要長期照顧了，通常也能有足夠的孩子數量一起輪流照顧。

因為自己當上了以高齡者為主要對象的醫師，所以難免會注意到家中小孩多的優點。過去的我，多半會站在孩子們的立場去思考照顧父母這件事情，心想既然有足夠的人手，那麼，大家最好要輪流照顧。如此一來，大家都有機會表達孝順的心意，同

時也能平均分擔照顧工作。簡單說，就我看來，「輪流」幾乎就等於「公平」。

後來因為和李媽媽互動的經驗，我的想卻法改變了。

李媽媽本身罹患失智症，她有三個兒子。說起來，也都是好孩子，三兄弟出錢聘僱兩位台籍看護（其中一位還有護理背景）和一位外籍看護來照顧老母親，所以李媽媽一天二十四小時，身旁至少有兩位看護。

表面上看來，李媽媽的晚年生活似乎是不用擔心的，但我更進一步理解後，發現問題可大了。

孩子輪流表現孝順，李媽媽卻失眠

因為李媽媽必須每住滿一個月，就換一個地方住。她從一個孩子家，換到另一個孩子家，就像是在兄弟三人之間過著遊牧的生活。

還在失智症初期的李媽媽，過著輾轉遷移的生活，還算可以適應。因為雖是在不同的家搬來搬去，可是跟在身旁照顧與陪伴的人，是固定的。

但後來李媽媽卻開始出現不同的反應。例如，輪到與感情較親的兒子一起居住時，她常常會去敲兒子的門，想跟兒子說說話。但輪到住在其他兩位感情沒那麼親密的孩子們家中時，她多半只是跟著看護們，進行日常活動。整天就是起床、吃飯、簡單生活作息之後睡覺。

隨著失智症病程的進展，李媽媽在不同孩子們家中的表現差異，更加明顯。只有在她偏愛的兒子家中時，她才會有穩定的日常生活作息和行為表現。

一旦輪到其他兒子們家中，李媽媽就特別難照顧，不時有情緒高低起伏與夜間失眠的狀況，導致跟著照顧她的台籍看護，總會企求似的看著我問：「有沒有什麼藥物，可以讓她情緒穩定呢？」

我搖搖頭：「**用藥不一定好。照顧失智症患者，讓她的生活中有穩定的人事物，才是最好的解藥。**」

停了一下後，我忍不住問：「不能讓李媽媽一直住在同一個地方嗎？」

看護露出為難的神色：「這不是孩子不想出錢的問題啦，是孩子們想輪流表現孝順。」

這樣的回答，真是讓我啼笑皆非啊。

這樣的「公平」，真的好嗎？

回想起來，我與李媽媽的醫病關係自開始到現在，也算是好一段時日了。總是聽聞她的兒子們為媽媽做了這個或那個，但我從來沒有看過這位老母親的三個孝順兒子來過醫院呢。每次見到的，都是有護理師背景的台籍看護，以及外籍看護帶著李媽媽來門診。

我也曾問李媽媽：「你好嗎？」

就見李媽媽主動拉著台籍護理師的手，說：「她對我很好，不能離開我。」

面對這樣的場面，我不好多說什麼，只能在心底嘆氣。

我忍不住默默想著：手足之間要求照顧工作要平均分擔，但這樣的「公平」，真的好嗎？話說回來，難道李媽媽當年對三個孩子，都以絲毫不差的「公平分配」方式來養大他們嗎？

父母無論怎麼努力，都沒辦法用一樣的方式，養大每個孩子

我想到自己家中有四個男孩。我的先生花了很多時間，教導第一個孩子讀書，等到長子可以自立了，我先生就把時間和精力轉移到第二個孩子身上。接下來，輪到第三個孩子進入國小就讀了，做父親的發現這個孩子挺自動自發，不需要太花心力盯進度，於是，他就把時間和精力，轉回到還需要人叮嚀的老二身上。

幾年後，輪到最小的兒子。我發現先生和這個小孩之間頗像朋友關係。或許是這個孩子真的比較成熟、懂事，也可能是做父親的養育孩子的經驗多了，年紀也有了，更懂得不同的孩子間，需要張弛有度。

以一個母親的角度來看，我覺得這樣的照顧差異很有趣。更有趣的，是有一回一位對紫微斗數有研究的朋友，跟我說了他的觀察。那時，這位朋友與我的孩子們間都還稱不上認識呢，他就篤定地斷言，在這四個孩子中，只有最小的兒子覺得父親知識豐富又風趣、好玩，其他三個兒子面對父親都有沉重的壓力。

所以，做父母的無論怎麼努力，都沒辦法用一模一樣的方式，來養大每一個孩子，所以孩子們也很自然地，因為與父母間的不同互動經驗和記憶，就產生了不同的看待父母的方式與相處上的差異。

那麼，等到父母親老了，需要長期照顧了，我們又怎麼能要求所有的孩子，用同樣的方式、同一套標準來照顧父母親呢？

照顧父母，不同的家庭，有不同的分工方式

小陳醫師與老陳醫師，一樣都是醫師家庭，卻呈現完全不同的照護狀態，也與家庭關係、價值有很大的不同。

小陳醫師是醫療工作者，當他的父親因攝護腺肥大，必須開刀時，他根本忙到無法抽身陪伴，更不要說照料了，所以還是由他的母親與弟弟在手術室外等候。

事後，他告訴我，他的母親對他說：「你弟弟非常不能理解。你為什麼不能一起待在手術室外面等。」他只能嘆口氣。

因著弟弟的經濟狀況不佳，一直以來，父親、母親的經濟需求都是他來處理的，而年邁後的醫療需求，例如看診、住院和手術相關費用，只要是父親想要的，小陳醫師都會盡量出錢，讓父親得到更好的照顧。

當我想起這段故事時，我理解有錢出錢，有力出力，但是，兄弟間卻不一定能理解出錢的人，為何不能也拿出時間來陪伴。我突然對李媽媽家三兄弟要公平分擔照顧工作這件事，有了更深一層的體會。

而不同的是，老陳醫師的故事，則是他父親生病住院後，他們三個兄弟似乎從沒特意商量誰出錢，或誰要負責什麼。總之，就是誰有時間，就誰載爸爸去看病，誰想陪爸爸去病房，就自動陪去。三兄弟也不用知道是誰拿錢出來，就各自主動地在下次回老家時，拿錢給媽媽，讓她去支付各種費用。

老陳醫師的媽媽會說：「你們都拿來，太多了啦。」

但我相信老陳醫師的父母心中是開心的。**每個孩子都做自己能做的事情，沒有爭執和批評。**

女兒的埋怨與不平

當然不是每個家庭都有這樣的福氣。我曾見過單身未婚的女兒，領著老父老母來到診間。看診後，她先把父母帶出診間，但馬上又溜回來，跟我說悄悄話：「陳醫師，我覺得手足關係太不公平了！從我爸確診失智到今天，媽媽總是對我弟弟輕描淡寫地說：『爸爸生病了，你別擔心，我跟姊姊可以照顧。』可是，真實狀況是我們照顧到快倒了！

「例如，我們幫爸爸洗澡時，他常會反抗。有一次，他又打我和媽媽以及外籍看護。我氣到把當下他打我們三個人的畫面，用手機直播給弟弟看。我一邊哭，一邊希望弟弟來救我們。

「可是，弟弟看到後，問媽媽：『幫爸爸洗澡很辛苦，要幫忙嗎？』媽媽居然還是說：『你要工作，賺錢養家很辛苦，加上要照顧兩個孩子。你把自己的家庭顧好就好。』所以，我媽媽就只有要我每天陪著、幫爸爸洗澡、陪著一起挨打，還要我陪他們看門診、上相關的照顧課程。總之，通通都是我。醫生，這是不是重男輕女？我真的覺得很不公平啊。」

我想了好久後，這樣對她說：「這一路走來，你爸爸真的好很多。我知道你辛苦了。**照顧這件事，真的沒有一定公平的方法**。但或許你可以這樣想：因為你有照顧爸爸的經驗，所以你對人生的看法，會比一般人更開闊、更寬容。同時，你也比一般人更知道『老』是怎麼一回事，可以提早為怎麼過晚年做好準備。這些無形的禮物，都是你弟弟沒有獲得的喔！」

我不知道我的話，是不是能真正安撫家屬心中的怒氣。但說真的，父母照顧小孩、小孩照顧父母都很類似，沒辦法百分之百公平對待。

若我們真的因為手足間的情緒，而開始計較起「公平」。那麼，希望大家都能想一想，**當父母離開人世後，我們是不是還要繼續當手足呢？**如果還是希望彼此是感情好的家人，可以一起老去、相互扶持，那麼，讓我們盡可能量力而為、互相體諒。

說起來，長期照顧也是會有終點的。但**家人關係，才是恆久的**，不是嗎？

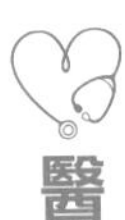

醫生的交代愛注意

如何與兄弟一起照顧父母？

1 父母養育孩子時，也並沒有給予每個孩子一樣多的笑容、耐心，還有時間。

2 在大家的時間與經濟都無虞的情況下，最美好的狀態，就是父母自己好好地變老，而父母各自以不同的方式與不同的孩子互動，孩子之間也不需要比較，各自盡孝。

3 當兄弟感情好時，若大哥的房子大，父母就與大哥同住，其他兄弟出錢，或是其他兄弟陪同就醫、負責接送等。**每個人以自己能力所能負擔的方式照顧父母。**

4 當孩子之間追求公平時，也可以用需要的金錢，除以兄弟數目來分擔，或是每個人照顧一個月，以輪流的方式來照顧。但因為是輪流照顧父母的緣故，所以**孩子們之間要把父母最近的生活習慣、看病用藥的狀態，做一個交班**，讓下一個負責照顧爸媽的家人，可以快速掌握狀況。

5當有其中一個孩子願意一直照顧父母時，**請其他的孩子給予支持，而不要給予過多的「建議」**。一直被給予建議的照顧者，常常會覺得「你一定覺得我做得不好，才一直教我。不然，你自己來照顧啊！」

其實，有一個固定的人，固定的環境，且有穩定的情緒，照顧、陪伴年老的長輩，對長輩來說，是安定且幸福的。

所以，當身邊有願意持續照顧長輩的家人出現時，請好好珍惜，並支持他的需求。

盲點15：用藥是照顧長輩的第一選擇

▼長輩用藥沒有標準值，生活品質是最大的前提

老一輩對看醫生的習慣是看病就要打針、吃藥，但我的想法是，能不吃藥就盡量不要吃藥，因為在我看來，關於疾病照護（包括失智症照護）永遠沒有所謂最好的藥物，但可以說有最適合的藥物。**我就常對患者說：「只要是吃了後會讓你覺得舒適、有精神，那就是目前最適合你的藥物。」**

老師常說的道理是：「颱風天還是會開遊艇進醫院的病人，他的藥物絕對是有效的，因為他堅持要來拿。」

然而，現實生活中，從來沒有一個標準答案。

唐奶奶暫緩糖尿病藥物，繼續過她八十年來習慣的日常生活

老人家的用藥，說起來也是個大問題，遭遇到的狀況百百種，讓我永遠要費心思量。

例如，有一輩子沒看過醫生，也平平順順活到九十幾歲，才來到我診間的老奶奶。老奶奶需要吃藥，控制病情，但卻是不論換什麼藥物，都吃不習慣，身體和心理的反應都不佳；相反地，也有病情根本不到需要用藥地步的年長者，對於自己的健康變化很敏感，一有個風吹草動，就嚷著要吃藥才會心安。

近期讓我印象深刻的是唐奶奶。唐奶奶初次來到我的診間，是因為有退化狀況。因此，我們請她先做全身檢查，好對症下藥。

過程中，我發現原來唐奶奶有糖尿病，平均血糖在四百左右。加上唐奶奶有失智狀況，所以就更需要認真控制，包括糖尿病在內的慢性病發展，才能減緩退化。

於是，我開糖尿病藥物，請唐奶奶服用。

一週後，唐奶奶的兒子小唐先生回報狀況：「我媽吃藥後，變得很沒有精神。我看

就別吃藥了，反正她一輩子都沒吃藥，也活到八十歲啦。」

作為醫生，我一定想知道細節。於是，我問：「『沒精神』是什麼意思？」

小唐先生說：「就是她整天看起來都很累，總是坐在椅子上打盹，或是躺回床上睡。之前，她或許血糖數值很高，可是那時候沒吃藥的她，還是可以整天到處走動，到處管東管西的碎碎念。」他深深嘆口氣：「我喜歡原來那個媽媽。」

就這樣，我們先讓唐奶奶暫緩用藥。若是有明顯的異常狀況，再來醫院掛號處理。其他時間，就讓老人家維持原狀，繼續過她八十年來習慣的日常生活。

吃了降血壓藥，卻頭暈目眩，於是暫緩降血壓藥

除了糖尿病，高血壓也是高齡者常有的慢性病。過去的觀念是不論年齡高低，大家都認為血壓應該要被控制在某個數值以下，才算是身體健康，但近年來隨著醫療的進步，人類的平均餘命增加，高齡病患變多，我們慢慢理解到，**對老人來說，血壓控制不見得需要像年輕人那般的嚴格。**

但到底血壓數值多少，是最理想的呢？引發我這個想法的人是錢奶奶。

錢奶奶也是因退化狀況，而被晚輩帶來醫院的患者。頭一回就醫時，量出的血壓數

值就是高得可怕的230/150。

我考量老人家來醫院可能太過緊張，所以產生血壓異常，於是請家屬回家後的一週內，認真地每天量血壓、做紀錄。

沒想到，家屬回報在家時量出的血壓，也是這樣。於是，我們開始請奶奶服用降血壓的藥物。

很快地，錢奶奶的血壓就降低到180/120。可是，家屬反而更擔心了。因為錢奶奶變得渾身無力、頭暈目眩。

錢奶奶頻頻要求家人，不要再讓她吃藥了，因為她沒辦法去菜市場買菜，也沒力氣坐在門口跟朋友聊天。於是，我們就讓錢奶奶暫緩降血壓藥的使用。

用藥絕對不是第一選擇

而這些運用在失智症長輩身上，也是一樣的道理。

當年長者身上發生了一些狀況，讓我們擔心他可能失智或罹患其他疾病時，一開始，大家努力找出病因的目的，都是為了想要正確用藥，幫助患者減緩退化，可是一旦開始用藥了，藥物卻造成精神不佳。

患者整日無精打采，自然會造成與家人、朋友間互動次數大幅下降，而**一旦缺乏人際互動，對失智症患者來說，很可能就是加速退化的開始。**

所以，整體觀察下來，用藥不是不好，但也絕對不是第一選擇。照顧失智患者時，我們要記得：讓患者可以維持（甚至改善）他目前的身心狀態，繼續把日子好好過下去，才是施行醫療處置時的最大目的。

尊重每個人不同的特異性

當然，老人家會有這樣的狀況：他們歷經一連串檢查後，發現異常的數值，讓身旁的照顧者一聽就緊張，於是急著要用藥，把數值控制到「正常範圍」。但什麼是正常範圍呢？我們都知道每個人都是獨特的，每個人的身心狀況和生活安排，都和別人不一樣，因此，所謂的**「正常範圍」也不見得能套用在每個人身上。**

例如，有位老人家是從二十八歲出現高血壓症狀，自此開始吃藥控制，直到七十六歲看醫師時，醫生覺得人年紀大了，不用太嚴格控制血壓，於是減輕用藥，但藥量一減少，老人家的血壓立刻從一百二十飆升到一百四十，頭暈不已的他，馬上回到診間抱怨：「醫師啊，雖然你說人老了，血壓高一點沒關係。可是，我受不了啦。你還是給我藥，讓我維持一輩子的習慣好了。」

這就是每個人都不同的特異性啊！在上面所說的兩位老奶奶身上，我們看見用藥，是能讓她們的數值降低，可是卻造成她們無法過往常的生活，對患者與家屬來說，反倒是更大的問題，當然也會加速失智狀況的發展。

最重要的是，幫助長輩過他習慣和喜愛的晚年生活

因此，幾經考慮後，判斷沒有危及生命的風險，那麼，我們還是著眼在更重要的前提上吧，就是幫助老人家過他習慣和喜愛的晚年生活。

若能減緩退化、維持平穩的身心狀態，就是最好的結果了，而這也是我們在醫療中常說的一句話：「**請治療病人，而不要治療數字**」。

其實，這樣的道理，大家都懂。因為在醫療之外，我們也常在不知不覺間，期待家中孩子們最好像這社會上大多數的人一樣：都在學校中過群體生活，一起上課、一起

運動、一起吃飯、一起午睡、一起唱同一首歌、一起過相同的日子。

總之，當父母的為了生計問題已經夠忙了，所以小孩子就乖乖的和其他同學都一樣，不要搞怪就好。

而老人家呢？似乎我們也期待著老人家「乖乖的就好」，於是，我們忘了想想自己老了，是不是也想過這樣的生活？一起去老人托兒所、一起上同樣的課程、做同樣的活動；或是住到安養中心內，同一時間吃飯，時間一到就大家都通通上床睡覺。不按表操課，還會被念是不遵守團體生活的規則。

從老人家的用藥問題談到生活照顧問題，這看起來是兩個不同的議題，但我想說的是，其中的精神都是一樣的啊。對每個人來說，生命狀況都是獨特的，到了高齡、晚年，健康狀態更無法用單一標準來衡量，所以**不論是用藥或生活照顧，我們都該秉持彈性，尊重每個人舊有的習慣。**

只要是能幫助生活品質維持在舒適、順心的前提之下，就讓長輩盡可能依照他想要的方式過下去吧。

醫生的交代愛注意

慢性病照護原則

1首先，應該要知道爸媽有多少種慢性病，他們有沒有真的吃藥控制，還是只是去醫院領藥、回家儲存？（如果不確定，可以看看爸媽的抽屜、衣櫥、床下是否有一大堆藥物亂收的情形。）

2慢性病像是高血壓、糖尿病、痛風，這些疾病很有可能從四十五歲第一次發病後，陪我們到八十歲，但是**四十五歲與八十歲的照護方式，可能是不一樣的**。網路上資訊紛亂，若有任何照護上的困擾，建議應該記錄下來，在門診時，與醫師好好討論。

3吃藥重要，還是吃飯重要？**如果飯都吃不下了，吃藥就沒有那麼重要**。如果吃藥會精神不振、食慾減退，那當然還是以能吃飯、有活力從事日常活動，對長輩來說較為重要。

但是，我們不是父母的醫師，所以應該要把父母吃藥的反應，詳實地記錄後，與醫師討論藥物的劑量、種類是否需要調整，切勿自行停藥與調藥。

4醫學上，**高血壓與糖尿病都會因為高齡，而對於治療標準有所調整。**

5如果爸媽吃藥後，精神、體力好，人也舒服，那麼，不用我們開口叮嚀，爸媽也都會準時吃藥。

盲點16：「我八十歲生日那天，女兒就判我死刑。」

▼照顧父母不是有個人隨侍在側就好，尊重當事者的意願，才是核心

我的患者多為高齡的爺爺奶奶，他們出院後的照顧問題，特別重要，也因此，我常有機會思考，什麼才是好的長期照顧。

或許因為這個用詞中有「長期」二字，容易讓大家誤解是要整天形影不離，才算做到，反而忽略了真正的關鍵在後面的「照顧」這兩個字。因為和「有人隨侍在側」相比，其實，**「給當事者所需要的照顧」才更為關鍵**。

家人從未與老奶奶討論照顧方式

舉例來說，有位八十多歲的奶奶因泌尿道感染而住院治療。住院前，獨居的她在生活上都能自理。住院時，奶奶的孩子們考慮到她體力下降，總是頻頻阻止她下床走動，就怕她跌倒。

出院前，他們找了醫療人員，討論返家後的照護計畫。計畫重點是希望有人隨時陪伴在奶奶身旁。家屬們明示、暗示著我，他們想請外籍看護。

然而，在討論過程中，我發現家屬們從沒把他們所設想的未來照護計畫和奶奶討論過。

於是，我找了時間，問奶奶：「您打算回家後怎樣生活呢？」

奶奶神色輕鬆的在床上，邊踢雙腳，邊回答我：「過著一樣的生活啊。」

她應該覺得我這樣問，有點莫名其妙吧。對奶奶來說，住院是因為生病。現在病治好了，回家繼續把生活過下去，不是很自然的事嗎？

但奶奶的孩子們沒有相同的想法。他們避開老母親，聚集在病房外的走廊上，七嘴八舌地說，母親年紀大又生病，隨時有跌倒，或再次就醫的風險，如果都沒一個人隨時在身旁緊跟著，臨時需要人幫忙，怎麼辦？

我忍不住插嘴：「你們覺得只要有個人隨時跟在奶奶身邊，奶奶就會安全了？那我問問你們：你們自己有沒有突然跌倒，或身體不舒服這類需要家人的時候？那時候，你們都怎麼做？」

家屬們異口同聲地回答：「趕快打電話找人啊。」

我笑了：「**奶奶也是同樣的狀況啊。你們只需要讓奶奶身邊有電話，隨時可以打電話找人就好啦。**」

他們面面相覷，沒接話，於是我乾脆把他們心底的打算說破：「你們覺得找個外籍看護，就真的能做到形影不離嗎？」我緊接著說起另一位長輩的故事。

「我八十歲生日那天，就被女兒判死刑囉。」

故事的主角是八十四歲的黃奶奶，但她的先生才是我的患者。目前爺爺已經入住安養中心，而黃奶奶獨居，又保有良好的健康。黃奶奶體力充沛到常在高速公路上快速奔馳，她來回不同的城市，享受生活和探望晚輩，而開車到處逛，就是她最大的樂趣。

有一回在聊天中，黃奶奶說出讓我嚇一跳的話：「我八十歲生日那天，蛋糕才剛吃完呢，女兒就判我死刑囉。」

黃奶奶忿忿不平地說：「我女兒就說我年紀大了，所以要跟子女同住。她準備好一間房間，要我搬去住，我也乖乖照做。但是，乃菁啊，一起住，好辛苦啊。早上七點，就把我叫起來吃早餐。一天裡面，就是集合吃午餐和晚餐，吃完後，準時說晚安。連我晚上起來在屋內走走，他們就會很焦慮地說，我是不是失眠、要不要看醫生。」

黃奶奶嘆口氣：「乃菁，**跟兒女同住是我失去隱私權與人身自由的開始啊。**一個星期後，我就夾著尾巴逃回原來住的地方。**我決定在還能自己走動和開車的時候，絕對不要讓別人用年齡這個理由來限制我的自由。**」

我問她：「你一個人住，不寂寞嗎？」

黃奶奶說：「有時候會感覺沒人可以說說話啦，那時候，我就自己開車去找人講話啊，例如去安養中心看看我先生，或者去找家人和朋友，我都能自己排遣寂寞的啦。」

黃奶奶的晚輩也建議，是不是請個外籍看護與黃奶奶一起生活，但她拒絕了：「我為什麼要每個月花兩萬五，來跟一個人大眼瞪小眼、無話可說呢？外籍看護來，能幫忙的也不多。你看**我現在有申請長照服務喔，每隔幾天，就有居服員來幫忙打掃和備**

餐，我只需要這些服務就好。其他的，我自己都能做。」

黃奶奶笑著補充一句：「乃菁，我喜歡有選擇權的生活，也很享受獨居的安靜，這些都是和人同住時，無法擁有的。即使那個人是家人或是看護，都沒辦法喔。」

故事說到這裡，我停下來看看眼前的家屬。

從他們的神情，我知道他們已經理解到自己光顧著計畫，卻忘了把奶奶的意願放進去。

奶奶一邊動，一邊哭，可是從沒停止復健

看著他們轉身，回到病房找奶奶討論的背影，我已經能預期到這位奶奶出院後的生活，應該還是能保有不少樂趣。心情好，才能保持健康啊。

這時，我又想起另一位患者，也是位高齡的女性，因為中風而來住院。還記得第一回我踏入病房探望時，奶奶一個人躺在床上哭泣，身旁沒有家屬，也沒有看護。

護理師趕緊告訴我：「奶奶家的經濟不好，沒辦法聘僱看護，主要是靠她的先生照顧。你等一下，爺爺他說早上先回家砍竹子和拜拜，做完就馬上趕來。」

我和奶奶聊聊後，發現老人家其實生養過兩個孩子，可惜命運捉弄，孩子們都離開

人世了，只留下一個孫女。目前孫女離婚後，帶著曾孫回來一起住。這個務農為生的家庭，經濟上向來就不寬裕，現在奶奶中風，導致右手和右腳完全不能動，壓力更加沉重了。

因為了解奶奶的哀傷，所以我每天經過病房，都會忍不住多看一眼。我發現即使大半時間沒有人陪在身旁，但奶奶都會認真地用左邊的手，拉動右手來復健。

有幾回，我見到爺爺來了。爺爺配合復健師，一起協助奶奶坐起來，慢慢地進展到站起來練習走路。學會怎麼使用還有力量的一側，幫助中風後無力的肢體。

奶奶年紀大了，復健真的很辛苦。她常是一邊動，一邊哭，可是從來沒有停止過復健，於是在出院前，她已經把所需要懂得的復健方式都牢牢記住了。

我曾擔憂地問：「奶奶，你想要轉到復健科病房或是有復健的安養中心，多住幾天嗎？」

奶奶拒絕：「家裡沒錢，我回家吧。你放心，我把該學的都學了，回家後，我自己來。陳醫師啊，窮人沒有悲傷的權利，也沒人能倚靠，**主要還是要靠自己**。」

奶奶出院回家了，我不時想起她，也擔憂過她要是在家中跌倒了，怎麼辦呢？可是三個月後奶奶來回診，我看到她是自己走進來診間的，即使還是拄著枴杖，但她走得很穩，氣色也好。

我好替她開心，更知道就是因為她有極大的動力，所以在家裡一定是努力地復健，並且小心謹慎地避免受傷，才能有這樣好的結果啊。

若這樣的狀況繼續保持下去，奶奶一定能回復到自己行動無虞外，還能照顧家人的狀況喔！

這幾位高齡的女性都是我的患者和家屬，可是，我更常覺得她們是我的老師。每個人用不同的生命經驗，幫助我思索「照顧」的意義。

我愈來愈相信長照中，陪伴很重要，但陪伴不是為了監視，也不是為了讓長輩加速失能。即使家屬的出發點都是善意，但這條善意鋪成的道路，若不是通往長輩想要的方向，也可能是一條錯誤的道路，不是嗎？

因此，希望家屬們在為長輩規劃長期照顧的方式時，能給長輩多一點的尊重，多想想這位當事者的個性、愛好、對隱私和自主性的需求。

凡事都以保有自尊為前提，同時照顧身體和心理，這才能實現長期照顧的核心意義。

醫生的交代愛注意

長輩住院時，如何幫助他們恢復？

1年輕人生病出院後，立刻就可以回到工作崗位上，但如果是長輩出院，家人的考量可能就是請外勞或將長輩送去安養機構。請想想，如果是我們，我們願意嗎？

2**住院後身體變弱，常常是一個開始被照顧（被孩子控制）的重要關卡。**為了避免這樣的狀況發生，在住院時，長輩努力地配合治療以及復健，並且盡可能了解自己的病情。**不要所有的醫療決策，都讓孩子與醫師決定是非常重要的事。**長輩雖然是病人，但自己的身體治療計畫，自己也要掌握。

3住院時，因為生病，就讓父母一直躺著，但出院，卻期待父母能生活自理，這落差不是很大嗎？所以住院時，**當父母能坐，就要讓他坐**，無論是坐在床上或椅子上，都好。**當父母能站，就要三不五時讓父母站一下。**如果擔心父母跌倒，那麼讓父母站在床邊都好。

當父母能走，就要讓父母走。在病房裡走一走，在護理站早上繞一圈，下午繞一圈，慢慢繞三圈都好。

這樣回家後，我們才能相信父母可以自己坐、自己站、自己走。

4 如果既不放心，但也不知道自己的照顧方法對不對，那麼，要怎麼辦呢？可以**請醫師找復健師（包括物理或是職能治療師）來協助父母**，讓父母了解自己生病後的身體，與原本有哪裡不一樣，要如何加強訓練各種能力，或是使用正確的輔具（枴杖），讓父母回家後，也可以不用依賴他人。

5 如果預計返家後，長輩的身體還沒有恢復到可以完全自理，但又不想去機構，也不想請外籍看護，能怎麼辦呢？那麼，**可以使用短期看護，搭配努力好起來的復健，或去家裡附近的診所或是醫院復健，也可以使用長照「復能（恢復功能）」的專業人員到家復健服務**。

6 年長的病體恢復需要時間，長輩除了自己的意願與鬥志之外，也一定要清楚表達自己後續的想法，才能與孩子達成雙贏的康復之路。

盲點17：「為什麼已找醫生、吃藥、送機構。但媽媽還是退化得非常快？」

▼比起送失智長輩出門參加活動，家屬的態度，更為關鍵

看顧失智症患者和家屬的時間愈久，我就愈能體會到世事看似簡單，實則複雜，再加上我們生而為人，而人的本身就是最複雜的集合體，所以即使是對大部分民眾來說有利的建議，但真正實施下來，也會發現沒辦法一體適用到所有人身上。

例如老經驗的家屬常會建議新手照顧者，將患者送到失智據點，參加活動或到日照中心接受照顧。他們語氣中的熱切是真心的：「我媽去上課後，情緒穩定很多！」或「我爸本來白天都在睡，晚上精神太好，去日照中心後，就作息正常了。」

可是，當照顧者真的將失智患者送去後，還是會聽到這樣的聲音：「陳醫師啊，我也有努力地把長輩送去據點，但效果不好。我想是不是改去日照中心就有效，於是努力帶去日照，可是都好幾個月了，怎麼別人都有改善，我家的長輩卻一直退化呢？」

失智症患者家人的思考盲點

看著他們滿臉失落，我只好以社會上習慣的考試文化來舉例。

在台灣社會裡，每個人都是歷經大大小小考試長大的，所以每個人都懂得選擇題比申論題好寫，而是非題又比選擇題更好寫，所以我們難免偏愛能簡單對應的題型，只要花點腦筋，再憑點運氣，就能得到一個答案。

可惜，真實人生並沒有這麼簡單，沒有非A即B的二分法，也沒有矇一下，也會猜對的選項。更讓人失望的是，有時候即使付出一百分的努力，也不見得會獲得一百分的回報。

最好的範例，就是社會上諸多家長眼看孩子成績沒有起色，直覺反應就是花大錢，也要把孩子送到名師開設的補習班，希望藉由名師的力量來改變「考不好」這件事情。彷彿只要有了名師的加持，孩子的成績就可以一飛沖天。

大家沒想到的現實是，名師之所以稱為名師，除了和教學方法有關外，隱藏其下的祕訣之一，是因為招牌響亮，所以吸引到許多程度不錯又有認真學習態度的學生來報名上課，於是在加乘效果下，考八十分的學生要變成考九十分，就容易得多了。

也因此，大家覺得名師補習班外貼出的優秀名單，總是特別多，也容易將功勞都歸功於名師，卻忽略了「把孩子送給名師教」之外的因素，諸如「學生本身資質就夠」，以及「學生很努力複習」等等，都是成功的必要條件。

這就是我想強調的思考盲點。仔細想想，我們生活中像這樣的盲點還不少呢。例如生病時，大家的習慣是到處打聽哪裡有名醫，再跑到名醫的診間，希望他開個神奇藥丸，讓我們一吃見效。這樣的期待是很直覺似的線性反應，似乎只要做到了A，就會自動得到B的結果，但卻忘了世上沒有藥到病除的神奇藥丸，再怎麼強效的藥，多半還要靠患者積極復健、控制三高等等的努力一起配合。

理解這樣的思考盲點後，我們再回頭想想，送失智患者到據點或日照這件事，應該就能看清家屬之所以懷抱錯誤的期待，正是奠基在這樣的思考盲點上才發生的。

所以，我總是很坦白地告訴家屬：「**據點和日照都不是神奇藥丸。有人使用後有用，就會有使用後無效的案例。**」欣喜的家屬，當然會大力推薦其他人去試試看，導致很多時候，新手家屬忘了同一選擇，不見得人人都有效，也忘了除了做到「送長輩去」

之外，或許還要做更多搭配的事項，才能得到這個效果。

接著，我會跟家屬說說林媽媽的故事。

該做的都做了，為什麼媽媽還是退化得非常快呢？

林媽媽離婚後，辛苦撫養兒子到成家立業，但兒子婚後，她開始覺得孤單了。生活失去重心的她，被家人帶來醫院檢查後，發現的確有失智的跡象。

她的兒子小林很努力地帶媽媽到醫院看醫生，也接受建議，送媽媽到失智據點，參加活動，希望透過增加人際互動和生活上的刺激來延緩退化。

可惜，林媽媽仍然持續退化。她的精神行為症狀，造成家屬的照顧壓力。

小林希望媽媽可以安靜聽話，於是請精神科醫生開藥物控制，並且安排送媽媽入住安養中心。

我最後聽到的消息是，林媽媽已經退化到必須包著尿布，並且出入都要靠輪椅的狀況。

回想起來，不能說小林不好，大家口中所說的「該做的事情」，他也都做了：找醫生、吃藥、帶到據點、送到有失智專區的照護機構。可是，結果很現實：林媽媽就是狀況不好，不但沒有改善，還退化得非常快。為什麼呢？

我仔細想想林媽媽的日常生活。她自離婚後就獨自帶著唯一的孩子一起生活，全心全力養大獨子。小林也不辜負她的栽培，順利成家立業。唯一可惜的是母子兩人一南一北居住，小林因為工作，必須長居在北部，只能利用周末回南部和母親以及太太相處。

可以說林媽媽大部分的時間，只有媳婦陪著她，婆媳兩人多半是無話可說的狀態。站在媳婦的立場，為了婆婆好，也為了紓解自己的照顧壓力，當然很希望林媽媽到失智據點，參加活動。

其實，林媽媽也是願意配合的，她理解到據點去，至少不用多花錢，也避免自己和媳婦無言以對的困守家中。

無論怎麼安排，大家都不滿意，情緒問題因此產生

只是，小林只能在周末回來南部的家裡。林媽媽好不容易盼到兒子回來了，總想多聚聚，可是小林太太也想要和先生有專屬於小倆口的時間。夾在婆媳間的小林，很辛苦地努力想平衡婆媳的期望。可是無論怎麼安排，大家都不滿意，情緒問題就來了。

林媽媽覺得自己很委屈，加上病症的影響，於是，她開始出現在晚輩眼中看來是無理取鬧的行為。

因為這些行為，小林精疲力竭地請精神科醫師開藥，只求讓媽媽安靜、聽話、不要和兒子及媳婦起衝突。但到最後，衝突太大，小林終於決定送媽媽到照護機構。直接切斷婆媳間見面的機會，同時間，小倆口決定開始準備生孩子。

他們將照護的心力轉往孕育下一代，將失智母親的照顧轉往專業機構人員身上。入住機構的林媽媽變得安靜，根本不與人互動，過往家屬抱怨的愛發脾氣和任性都消失了。但短短不到兩個月，林媽媽就退化到大小便失禁的臥床狀態。

一家十人都報名照服員的課程

但有林媽媽和小林這樣的家庭，也有蔡奶奶那樣的失智家庭。

蔡奶奶是患者，主要照顧者是她的兒子小蔡。蔡奶奶一確診，小蔡就緊張地跟我說，他怕自己不懂怎麼照顧。於是，我建議他報名主要為照服員等專業工作者開設的照護課程。

但第一堂課，我就嚇了一大跳：「小蔡，你一口氣報名十個人啊!?」

小蔡趕快為我介紹：「都是家人。我姊、我哥、我妹……」

他一路數下來後，認真地對我說：「**媽媽生病了，可是，她不是我一個人的。她是我們的媽媽，大家都有機會和她相處、互動。**與其只有我一個人來上課，讓其他家人在不懂正確照顧方法下以訛傳訛，不如好好地花一天的時間，把全家人都叫來一起聽課，也趁機會全家相聚吃飯、聊天。比起周末，大家躲在自己家裡看電視。這樣的活動，應該更有意義啊。」

那天，課程結束。而我在蔡奶奶回診時，特別留心觀察，我很明顯地感受到**家屬的情緒不一樣了。過去慌亂的氣氛漸漸減少，取而代之的是穩定和自信。**

蔡奶奶是有福氣的病人。她的家人愛她，也懂得如何正確地與她互動和應對進退。家屬善用據點和日照服務，讓蔡奶奶維持人際互動和生活上的刺激，因此，這幾年來，蔡奶奶的病況一直很穩定，也不曾出現情緒上的焦慮與波動問題。

前一陣子，新冠病毒攪擾得社會上人心惶惶時，日照服務暫停了一陣子，所有受託的長輩不得不在家中休息，可是蔡奶奶的狀況還是維持得很好！

一家人輪流陪伴蔡奶奶活動

我好奇探問後發現，小蔡組織了家人，輪流陪老人家活動：今天姊姊陪唱歌、明天孫子陪畫畫、後天妹妹帶做體操等等，讓老人家的生活一樣維持得熱鬧且有規律。

小蔡笑著說：「我家的老寶貝，只是年輕時欠栽培。」用正向的態度，鼓勵失智長輩玩樂，一家人嘻嘻哈哈的。所以，即使日照中心停課了，蔡奶奶的生活模式並沒有進入停機狀態。

家屬把自己轉換成日照工作人員的模式，輪流陪伴蔡奶奶，撐過了那段停課時間。等到日照重新開放後，蔡奶奶就回到往日的照顧模式，沒有退化，也沒有重新適應的問題。

上面所說的兩個例子，都是在我診間來去的許多患者的家庭縮影。他們各有各的辛苦和難處，我之所以提起，不是想評價誰好誰壞。畢竟照顧都是辛苦的，家屬只能盡力而為。

但我想以我的立場能說的，就是將不同的照顧方式提出來，希望能幫助大家想想，

失智照顧並不是「找到A醫師」、「吃B藥丸」或「送C日照和D據點」就可以有效果的。

所以，親愛的家屬，你會對據點或日照有期待，是很正常的，可是請記得：即使到了現場，參加了活動，也不會自動等於「穩定病情、延緩退化」。

請想想，據點和日照只占用患者一天當中的某幾個小時。和漫長的人生相比起來，據點和日照更只能算得上是患者一生中短暫的片段，要期望單靠它們，就能立即起關鍵性的作用，那真是太難了。

所以，我們可以懷抱期望，也該鼓勵失智患者到據點與日照，可是在此同時，**希望我們也記得提醒自己：我們是患者的家人，我們才是最能左右患者病情發展的關鍵角色。**

當我們更加用心，願意積極面對與投入，與外界的照顧人力互相搭配後，出現加乘效果，好上加好、正向循環，這才是最好的結果，不是嗎？

醫生的交代愛注意

讓日照中心的照顧事半功倍的錦囊妙計

1把日照中心當成白天上學的學校，或是每周喘息兩至三天的地方，而對照顧者來說，這也是照顧者可以喘息的時間。

2更進一步，有效率地使用日照中心的方式是什麼呢？**如果希望父母真的認真上課，那麼回家以後，我們就要詢問父母上課的狀況、內容。**此外，我們也可以幫父母複習上課的內容，父母會感覺到自己被關心。如此一來，父母去日照的感覺，就不會像是去托嬰中心被照顧，而像是去補習班學東西。

3當我們把父母每天回家跟我們描述的一切，或是父母所學的東西、繪畫的成果，用一個學習歷程幫他們記錄時，我們會發現這些文字、照片、影片都是珍貴的禮物。

4藉由這些互動過程，也可以增進親子情誼，讓父母感受到被愛，就像小時候回家，我們會絮絮叨叨地跟父母報告當天發生的事情一樣。

5當你認真了解父母在日照中心的日常，日照中心也會認真對待你的父母。

盲點18：「老人就是聽不懂！」

▼面臨生死關卡，家屬的萬般艱難，仰賴醫療端的用心與智慧來紓解

江爺爺是我長年來看顧的病人，但我其實和江奶奶更熟，因為她才是主要照顧者。雖然他們的兒女也頗為用心，但江奶奶堅持一肩扛起照顧工作。江奶奶把七十多歲起確診巴金森氏症，後來又合併失智症的江爺爺照顧得非常好。

至今已經十多年，江爺爺也從還能行動和自主進食，退化到眼下的臥床狀態，不知不覺間，兩位老人家都來到八十多歲的階段。

心底深處的遺憾

每回，我說江奶奶年紀也大了，十幾年來這樣細心照顧，太辛苦。江奶奶就會露出不以為然的臉色，笑笑地對我說，「這是應該的，是嫁江爺爺後理所當然的責任。」

江奶奶能帶著笑容說，一個很大的原因，應該也和她的照顧歷程有關。一知道老伴確診巴金森氏症，江奶奶立刻自職場退休，帶著江爺爺到世界各地去玩。她總是說江爺爺玩也玩夠了，她也好好照顧了，沒有遺憾。

我也一直以為如此，直到前幾天在一個偶然的狀況下，意外回顧起江爺爺當年氣切的時刻，江奶奶少見的怒氣爆發，我才知道她心底深處，還是有遺憾的啊，而這個讓她背了這麼久的傷痛，其實也和醫療人員的處置有關。

多方聯手下，江奶奶同意讓爺爺氣切

那年，江爺爺已經退化到臥床又無法言語的狀態。生活上大小事，包括所有醫療決定都端賴江奶奶安排。最關鍵的一刻，是江爺爺因緊急狀況，入住加護病房，已經插管，接上呼吸器多日，但仍無法自主呼吸。

醫師擔心插管太久，也怕頻頻換管，對爺爺不好，因此，勸江奶奶同意讓爺爺氣切。

江奶奶最初不同意，多次拒絕後，和醫師的關係開始緊張。後來或許是江奶奶說的「人家也辛苦照顧爺爺那麼多天，現在拒絕，好像不好意思……」，也可能是古早人的個性，就是對穿白袍的醫師多留一分尊敬、不敢忤逆，但更或許是醫療人員見她是白髮蒼蒼的老人家，怎麼講都不回答，於是直覺地認為「老人就是聽不懂」。

到後來，江奶奶只要一聽到醫療人員露出一點想要談氣切這個話題的意思，她就會猛然走出病房，完全不想聽，也不想談。

滿心挫折的醫師轉而找上江奶奶的女兒和孫女，在她們來探訪時，勸說：「阿嬤年紀大了，根本聽不懂。你們來簽同意書吧。」而她們也真的簽了同意書。醫師再拿著同意書，聯合家屬一起去找江奶奶勸說。多方聯手下，江奶奶心也亂了，終於同意讓爺爺氣切。

氣切後的江爺爺就此躺在床上，床旁一台呼吸器，一直到今天。

氣切之後呢？誰來照顧？

每次回想起這件事，江奶奶的心頭還是滿滿的怒氣：「當我老了，就聽不懂嗎？」

回想起來，她感覺自己孤單單的為結縭一輩子的老伴奮鬥，只是在那當下有苦難言，很多話不知道該怎麼說。

說起來，對這個決定，江奶奶是非常後悔的。因為爺爺的生命雖是繼續著，但他臥床這麼久，未來的日子不知道還有多少年要撐，又怎麼會好過？再說吧，爺爺都是奶奶一手照顧，即使後來入住安養機構，奶奶還是每天準時去探望，親手為他刷牙、洗臉，對八十四歲高齡的老人家來說，難道不是體力和心力上的負擔？

我想，江奶奶真正想說，但在那當下沒辦法說出口的是：「你們只想要讓爺爺氣切，可是，氣切之後呢？誰來告訴我這之後的十幾、二十年中每一天的照顧，要怎麼辦？」

難怪江奶奶至今還是氣憤難平，她甚至懷疑醫療單位勸說的背後，是不是有什麼回扣可以拿。

「我很捨不得他走，可是，我又不想要他痛苦。」

錯愕的我，馬上說當然沒有，再細細跟她說明，加護病房一定有他們的考量：「阿嬤，對病人來說，每一次換管都是痛苦，也是增加感染和受傷的風險。有時候，管子放久了，會和器官相連到拔不出來。要是插不好，還會傷到內部器官。如果你不讓爺爺氣切，又不換管，醫師也很為難的。」

江奶奶說：「你知道嗎？我們是青梅竹馬耶，自小我就認識他了。我們在一起一輩子，他從來沒對我大小聲，所以我很捨不得他走。可是，我又不想要他痛苦。我知道這個病是沒辦法治癒的。他的狀況只會愈來愈糟糕，所以他現在這樣氣切躺在床上，活著也很辛苦啊。」

我問：「那麼，醫師要你同意氣切時，你真正的想法是什麼呢？」

江奶奶說：「我是要他順順地走。」

我問：「怎麼樣才是『順順地走』？」

看見我是認真地問，江奶奶也認真起來。

她努力地組織腦海中的想法，嘗試著說明：「我不想要你江爺爺氣切，要是換管到不能換的時候，可以接上呼吸面罩。如果他可以呼吸，就靠呼吸面罩。如果不行，就讓他走，也沒關係。」

江奶奶的話講起來，其實零散、破碎。她停頓了幾回，還有幾次，是由我引導她繼續想。

從江奶奶臉上，我除了看見老人家對於讓老伴氣切的後悔外，更體會到從來沒有人給她機會，好好坐下來，把想法整理出來、把心中的掛慮講出來，以及把自己的決定好好說清楚，難怪至今她還是不時喃喃抱怨：「我那時候都沒有想清楚，大家就要我決定了……」

兒子飛奔離開，喊著：「不要問我這個問題！」

這也讓我想起我的另一名家屬楊先生。他是父親的主要照顧者，在老父親生命末期時，我請他對是否要電擊等急救處置，要有個準備。即使這些過程就他父親的現況看來，都沒有太大幫助，但我身為醫師，還是要問家屬這個問題，而楊先生身為家屬，還是要有個決定，才能讓醫療人員知道是不是要施行。

沒想到，我話才說完，這個當兒子的人竟然臉色大變，立刻從我面前飛奔離開，口中喊著：「不要問我這個問題！」

愣在當場的我，只好再找機會，把楊先生請回會談室。

我關上門，耐住性子，決心要不催、不趕，好好把這件事談清楚。

於是，我終於從楊先生口中理解到。自有記憶起，他的父親就對孩子們非常嚴格，又設定高標準的要求。在父親眼中，任何違反他的安排的舉動就是不孝。長年下來，孩子們對父親是百般順從。

現在父親來到生命末期，問題來了，因為老父親從未交代過如何處理，楊先生當然不想讓父親因電擊等無效醫療處置而受苦，但他更擔心的是，若父親是想活下去的，卻因為做兒子決定不急救而去世，等到有一天，父子在另一個世界重逢了，老父親不是會把他罵得狗血淋頭嗎？

在腦海中設想這個畫面的楊先生，怕到臉色都發青。

原來如此！我終於理解到家屬那原初看似毫無理性的舉動，其實，仔細分析起來，其背後都有一套合理的脈絡。

而在看見我表達同理之意，楊先生也終於放下心防，開始願意聽我分析各項處置的利弊得失。

最後，我們共同達成結論，讓老人家在生命末期不接受不需要的搶救處置。畢竟那所有的痛苦，頂多也只能換來多半小時的時間而已。

醫療人員「我是為了你好」的心意，也可能變成家屬的壓力

我想楊先生和江奶奶的心態，都是一樣的。他們都是長年照顧心愛之人的家屬。在

照顧工作上親力親為，所以都不願意家人受苦。

只是**他們的表達方式很多時候不是大家可以理解的，更或許是今天的醫療現場，不見得有餘裕和人力，協助他們思考和表達意見。**

其實他們都是家屬的典型。楊先生年紀輕一點，但不代表他就有勇氣可以做決定。江奶奶年紀大了，但也不表示旁人一句「老了聽不懂」，就能輕輕帶過。

在醫療這端，工作的忙碌和壓力，當然可以理解，只是很多時候因為早已熟悉的醫療歷程，讓我們太專注在告訴家屬我們所知道的一切，然後，在有意無意間，希望家屬依照我們的想法來做決定。

我相信每一個醫療人員都是以患者和家屬的最大利益來思考，但有時候，這種「我是為了你好」的心意，也可能變成家屬的壓力，因為**我們忘了家屬的感情和擔憂，也該是治療過程中的一環。**我們也該據此來判斷，該如何處理生命末期的問題。

醫療決定是「幾秒鐘」的事，但照顧是「一輩子」的事

我看著江奶奶在爺爺氣切後，每天來往養護中心。當初支持氣切決定的晚輩們，因著工作壓力等因素，頂多只能幾個月來去匆匆的探望一次，只有江奶奶像上班一樣，

每天到養護中心準時報到。

養護費用並不便宜，但重點是，即使有中心內的人手，江奶奶還是堅持每天去。對她來說，這是她個人的心意，也是責任。

但她畢竟八十多歲了，也開始擔心自己照顧不了的時候，怎麼辦？要是自己反而比爺爺還早離開人世，又該怎麼辦？更有那麼幾回，向來堅強的她，會在我面前露出疲倦的神情。坦白承認看老伴這樣活著，她自己一點都不輕鬆。

每天這樣來回跑養護中心，為了照顧的細節問題，和照護人員爭執，她也會累，但只要一想到自己累了，她又立刻怪自己不應該這樣想。

這般反反覆覆的過程，讓江奶奶更累了。

這些家屬的苦和累，都是醫療人員少有機會見到的。

有時候，是我們受限於工作環境而無法見到，但有時候，是我們受限於自己的想法而不想見到。還好想法是可以改變的，環境也是可以改善的。

只要我們想想醫療決定可能是幾秒鐘的事，但照顧是一輩子的事，所以家屬後續好幾年要過得心神安穩，或者焦慮、自責，就端看在醫療現場，是不是能把那幾秒鐘處理得當。

更大的可能性，是需要我們醫療人員有耐心，也有智慧，將幾秒鐘化為好幾分鐘，甚至幾個小時，**好好地把所有選擇，攤在家屬面前，協助他們理解，帶領他們走過糾結的思考歷程**，達到彼此心安理得的最終決定。

未來的世代，將有愈來愈多的老老照顧案例，也有更多想讓家人好走，卻不明白如何才能好走的家屬。

期望所有的患者與家屬，都能在生前就盡力接觸生死議題，家人間要盡可能提早敞開心胸，談論生命末期的相關安排。

但與此同時，我們也要理解，不管怎麼事前安排，**臨到死亡關卡，沒有人是準備好的**，更何況每一個家庭內部有各自的歷史和情緒，所以醫療端的處置方式變得更加關鍵，畢竟醫療人員才是有醫療知識和多年經驗的專業人員。

期望大家都能理解家屬心中說不出的苦，更願意調整制式的處理方式，願意多給家屬，特別是老老照顧的家屬，多一分尊重和多一點時間。

好好帶領他們，走過最艱難的生死關卡。

醫生的交代愛注意

如何好好了解父母的心聲？

1照顧高齡父母的兒女輩，常會覺得跟爸媽說話好累，往往繞了一大圈，還是不知道老人家到底要什麼。

其實，**對老人家來說，很可能在這當下，他們內心也很糾結**，因為他們也拿不定主意，總覺得這樣也好，那樣也好，或者每個決定都有缺點，他們真的不知道要怎樣選擇啊。

2那麼，就讓晚輩直接來幫他選擇，不好嗎？很多談累了的兒女，就乾脆擺出「我說了算」的態度，直接下決定。

其實，這不是個好方法。首先，就法律和情感層面來看，父母才是彼此最熟悉的人，也是第一順位的法定決策者。兒女即使再親，都不能跳過老夫妻的另一半，來擅自做決定。

再說，晚輩幫長輩做了決定，很多時候，這個決定不見得是他喜歡的，但他又無法改變，此時心中自然會有陰影，只是增加日後彼此相處的緊張關係。

所以，**更好的方式是，仔細衡量長輩心中的想法，幫助他們釐清天平兩端，孰輕孰**

重。花點時間討論，總會找出偏重哪一邊後，再下決定。

3討論是談一次就有結果嗎？當然不是。很多時候，老夫妻間相愛相殺的感情糾葛少說四十年，長則六十年。一瞬間，面臨幾個小時內就逼著做生死大事的決定，內心的空虛和無助，是難以言喻的。

此時身為家人，保持理性思考是好事，但**也要記得，給身處情感漩渦的長輩一點時間，幫助他們，逐漸釋放情感糾結。等思考有個大方向後，再來召開家庭會議**，此時做的決定，比較可能達到完滿。

4若能開家庭會議，共同討論是最好的。透過家屬之間的討論，凝聚共識。但記得開會前，我們要事先做好功課。不是腦袋空空的出席，造成在會議上，大家漫無目標的談話，那就什麼結論都做不了。

更好的方式，是先初步設想不同決策後帶來的優、缺點，在會議上，一一舉例、討論。家人間達到相互了解後，共同選擇一個大家都可以接受的決定。

這是全家人一起達成的結果。透過全家人一起執行的方式，讓大家都有參與感，並且省去長輩的心頭壓力，避免事後大家指責家中哪一位需要特別為這個決定承擔後果。

其實，**任何決策都各有利弊**，大家一起選擇了當下思考後，認為最適合的決定，但當然日後可能情況有變，那麼，至少共同決策的方式，可以免去家人間再起口角，特別是讓壓力落在長輩心頭上。

盲點19：「醫師，她有五個小孩，怎麼失智後只記得我、只叫我？我好累。」

▼為了有更好的照護品質，照護計畫要提早準備，並分階段

王先生陪失智的母親來回診。王媽媽的病程已經進入第五年，而我是第一回見到這個最小的兒子，不過，王先生卻欲言又止的看著我。

我問他：「你怎麼了？」

他吞吞吐吐地說：「**醫師，有沒有一種藥吃了，就可以讓媽媽不要黏著我？**」

「我照顧失智媽媽五年了……」

在那當下，我想起多年前的電影《愛無盡》。片中主角是一對老夫妻，他們住兩層樓的房子，旁邊還有一個工作室。老太太罹患失智症，只要沒看到先生在眼前，就會一直大叫：「克雷格，你在哪裡？我找不到你。」一直到老先生氣喘吁吁地趕來，老太太還會責怪他，離開那麼久，是故意忽視她。所以為了愛，也為了讓老伴安心，老先生動手蓋了一間小一點的房子。

我也想起我的孩子們。他們現在年紀還小，每天回家後，喜歡跟前跟後的黏著我，連我洗澡、上廁所，都會一個接一個進來找我，說說今天在學校發生了什麼事情。這是一種跟家人在一起的親密感。

當然，我難免要承受負擔。只要晚上開個會，晚一點回家，女兒就會哭著說：「媽媽，你去哪裡？你上班好久喔～這個晚上的班不要再上了，我不想看不到你。」

想起這些的我，問王先生：「你有孩子嗎？」

我請他想想，只要是孩子，就可能在幼兒園門口哭著，不想和父母分開，或晚上做惡夢時哭著找爸媽，又或碰到害怕的事情時，第一個反應就是叫爸媽來，甚至即使受了傷，也想要爸媽來看一下傷口。

王先生嘆氣：「**我知道媽媽愛我**。可是，她有五個小孩啊。怎麼失智後只記得我，只會叫我？**我好累，我想請她也黏一下別人。**」

我只好安慰王先生：「你辛苦了。你是最棒的兒子。」

王先生似乎沒被安慰到。他安靜了一下後，說：「我照顧五年了。五年來，陪著她退化。沒有想過請外籍看護，也沒有使用過長照資源。可是，現在我累了，我想試試看長照資源，讓我自己休息一下。」

兄弟姊妹叫我要能者多勞?!

他描述不久前帶媽媽去失智據點的情形：「我第一次帶媽媽去上課。結果，我才在門口填寫資料而已，她就大吼大叫，吵著要我。完全不接受看不到、沒有我這件事，一定要我陪在她身邊。現場那麼多老人都看著我們。我覺得好丟臉。」

我還是只能用孩子的例子來提醒王先生。其實，每一件事情要開始時，都是困難的。例如送孩子去幼兒園，或者國小開學第一天，每個孩子的個性不同，各自哭泣與焦慮的時間也不同，但最終都是會適應的。我說：「你陪母親這麼久了，請多給她一些時間吧。」

王先生說：「我覺得自己到極限了。有沒有藥物可以舒緩分離焦慮？讓我可以不用陪太久呢？」

我笑著說：「如果有這種東西，孩子上幼兒園就不用從陪讀，到讀半天，這樣慢慢拉長時間了，每個孩子就都吃顆藥就好了。說起來，適應這種事就是需要時間。我想，你是自己一個人撐太久了，早就該求救了。」

他說：「可是兄弟姊妹都沒有人要理我。他們都說我照顧得很好，媽媽在我身邊很開心。可是，我好累喔，**現在大家還是說媽媽已經習慣被我照顧了**，叫我要能者多勞。醫師，你說我要怎麼辦。」

你可能是母親現在唯一還記得的孩子

我轉頭看王媽媽：「王媽媽啊，你可以自己去上課，或是在客廳看電視嗎？」

她看著我，不發一語，光是微笑。

我改問：「你旁邊這個人是誰？」

她說：「我兒子。」

我又問：「叫什麼名字？」

她說：「阿宏……」

我問：「全名呢？」

她說：「阿宏……」

我大概了解王媽媽目前的程度了，於是，再繼續與王先生談：「因為你長期對母親的照顧與陪伴，確實你可能是母親現在唯一還記得的孩子。只能說，你真的照顧得很好，好到可以頒獎給你。但目前要讓媽媽接受被別人照顧，還需要很大的努力。」

同時用保母和幼稚園的型態著手

王先生一聽這話就垂頭喪氣，我馬上鼓勵他：「這倒也不是都沒辦法了。我們可以從同時用保母和幼稚園的型態著手。」

我請他先找一位固定的照服員到家裡來陪伴媽媽和做家事，讓媽媽慢慢熟悉照服員和兒子，是會一起在家中出現的。

日子一久，她認識這個人了，再請照服員陪著母子倆一起到據點去上課。給媽媽一段時間適應後，家屬才漸漸消失，讓王媽媽在陌生的地方，至少還是可以看見一個她熟悉、信賴的人。

理想狀況當然就是她可以再進步到認識據點中的夥伴，也因為新的信賴關係的建立而感到安心。

慢慢轉移王媽媽放在兒子身上的全部注意力

換個角度想，孩子一開始上學，多是哭著說不要，但是等到他在學校內找到家中找不到的樂趣，可能是和同伴一起玩，或者是有趣的課程，他就會玩到忘記要回家。在家裡的狀況也差不多，有時候孩子會很黏父母，可是也往往因為玩具太好玩，自己玩到渾然忘我，吃飯都不顧了。

王媽媽現在的狀況很像這樣，重心都在兒子身上，所以找個人來讓媽媽生活中多個人陪伴外，**也可以開始規劃一點小遊戲，讓她在家中就開始玩。**先是十幾分鐘，再慢慢拉長時間。目的就是要把她都放在兒子身上的注意力轉移開來。

患者全心依賴照顧者，並不是最好的照顧

我有位家屬照顧的是失智的阿姨，阿姨也很依賴他，導致他連送貨都要帶著阿姨，形影不離的到處跑。

有一回，下雨天送貨，他請阿姨不要下車，在車上等就好。阿姨沒聽話，自己下車後，一不小心就跌倒。

這次受傷，讓他痛下決心，不能一直把持續退化的患者帶在身邊。患者全心依賴照顧者，其實不是最好的照顧。於是，**他開始使用居家照顧和日間照顧**。

晚上回到家後，家人也會輪流陪阿姨唱歌、遊戲和畫畫。漸漸地，阿姨可以跟著日照中心的課程，也能在家和其他人相處了。

我想，照顧者和被照顧者間的依賴關係是把雙面刃。往好處想，是感情深厚，所以產生誰都無法比擬的信賴；但另一方面來說，當那個唯一被信任的主要照顧者，的確很辛苦，有無時無刻都要被召喚的壓力。

所以，**身為失智者的家屬們要多想想，最好從照顧初期就開始有照顧人力的分擔**，盡量不要讓患者只習慣特定一個人，否則天長地久下來的壓力，只落到一個人的肩頭上，任誰都承受不住的。

而當照顧者倒下，沒有人能輪替，對患者來說，也不會是好事。**沒有人有辦法一時**

半刻就會接受改變，更何況是失智患者呢。相信導致患者、主要照顧者和次要照顧者都辛苦的場面，是誰都不想見的啊。

醫生的交代愛注意

如何設定爸媽的照護計畫？

1 照顧是長久的事情。只有單一照顧者時，這位照顧者會累、會生病，也可能臨時有事情。所以，**讓長輩只習慣一個照顧者，其實是一場災難。**

2 **高齡照顧是長期抗戰。**當開始需要被照顧時，需要打群體戰。把能一起輪流照顧的人，還有手邊可以使用的資源，先盤點一遍。想想看，應該要怎樣運用。

我們可以這樣做：

①**把準備要照顧的人，組一個群組。**

②記錄下長輩目前的生活習慣、飲食習慣、慢性病治療及控制的狀況，以及用藥紀錄。

③**維持長輩自立生活的能力訓練**（例如：吞嚥肌力認知等）。

④開始訓練，並**建立每天某個時間點都要去哪裡上課的習慣**。一旦這些習慣都養成之後，萬一上課時間要拉長，萬一主要照顧者臨時需要更換，長輩與照顧者都不會手忙腳亂。

3 一般老年退化的過程是緩慢漸進的，但如果長輩罹患特殊神經退化疾病（例如巴金森氏症、失智症），疾病會有一定進展的時程。這時候，預先做好功課，才不會手忙腳亂。

盲點20：「陳醫師，住院需要付錢啊?!」

▼一個家不該只有一個人，承擔所有照護責任

請大家想像一下，如果你已經上了年紀，婚姻關係中的另一半長年生病，而你這些年來，緊緊跟在他身旁照顧，而當老伴的病程已經進展到不得不入住養護機構後，你還是每天過去探望。

這樣做，剛開始，可能是因為夫妻間的深厚感情或責任，或許也因為當父母的，總是體諒兒孫輩忙碌於生活和課業，所以主動將長期照顧的重擔扛在身上。

只是日子一久，大家好像也就習慣了，忘了要分擔照顧工作，更忘了你也會老，總

會有生病的一天。

黃婆婆每天去養護機構，照顧臥床的黃爺爺

黃婆婆就是這個畫面中的主角。她長期照顧罹患巴金森氏症後，又確診失智症的黃爺爺。

當不得不將臥床的黃爺爺送往養護機構後。她選擇一個人住，每天打卡上班似的往返於機構和住家之間去看先生。

每日的行程通常是這樣的：一早起來，將自己打點好後，黃婆婆就會騎著有遮雨篷的小電動車，從她居住的大樓出發，前往養護機構去。不時還在車上的置物箱放置了給機構人員的水果或點心。期望這些心意，能讓機構人員多用點心，照顧老伴。

到了機構後，**黃婆婆仔細將黃爺爺從頭觀察到腳。**注意眼睛是不是紅腫、眼屎有沒有擦乾淨、鼻毛是不是該修剪了、嘴巴是不是因沒清潔完全，而有難聞的口氣、身體上有沒有破皮、腳底是不是擦了、要不要換雙乾淨襪子。**看見沒做好的，她就自己動手處理。**

依照這樣的順序做下來，每天一小時的會客時間，對黃婆婆來說，根本不夠用。

此時，她隨身攜帶的小點心就派上用場了。透過食物和好言好語的交陪，機構人員多半願意多給她一點時間，來照顧心愛的先生。

黃婆婆的身體出現狀況

就這樣，一年年過去。黃爺爺依然不省人事的躺臥著，但黃婆婆變老了，身體愈來愈差，而我因為長年來都是黃爺爺的醫生，也就很自然地與黃婆婆熟識，熟到黃婆婆身體出狀況那天，她第一個反應，是直接打給我：「乃菁啊，我覺得胸悶、心臟砰砰跳。去診所找醫師，他一看卻立刻退號，叫我馬上去醫院。」

我一聽，就知道事態嚴重，請她立刻到我任職的醫院來。

再考慮到診所醫生都表明無法處理，那就是真的嚴重了。我怕有重大變化隨侍會發生，屆時最好是家屬已陪在身旁，能做重要決定，或者避免留下遺憾。

於是，我趕緊請個管師聯繫黃婆婆的家屬，希望他們一同前來。

黃婆婆很快地抵達門診。陪在身旁的男士，是我從未見過的面孔。

黃婆婆說：「乃菁，我心臟砰砰跳，腳腫到快要塞不進褲子裡了。」

我立刻進行檢查，驚覺心搏加速到每分鐘一百六十下。一問之下，這樣的狀況竟然已經持續一周了。

我擔心這樣下去，黃婆婆的心臟會衰竭或中風，我馬上請她從急診辦理住院。

此時，身旁這位男士開口了：「我先問問阿姨的意見。我們去急診，到時候再讓醫師你們聯繫吧。」

我這才發現，他並非是黃婆婆的兒子或女婿，而是外甥。更讓我訝異的是，我左等右等，都等不到黃婆婆住院的消息。

一查之下，才發現她離開診間後就請外甥離開，根本不甩我的住院建議，反而一個人搭捷運，跑回岡山老家去「辦事情」，偏又不告訴任何人，到底是什麼事情。

我為她擔憂到脾氣都來了。我拚命打電話，好說歹說，終於讓黃婆婆再度到醫院急診室，去辦理住院。

即使住院，卻未處理危急的心臟問題

我帶著個管師到急診室，發現已經有住院看護人員陪在病床旁。原來是黃婆婆的兒女們聘僱的。想來是家人們習慣了婆婆長年來自立自強的個性，乾脆找好看護給媽媽。而我若想和家屬見面、討論，還要事先敲定時間，才有可能。

我嘆口氣，在內心安慰自己，至少黃婆婆已經住院了。

幾天後，我去病房探望，卻發現黃婆婆的心臟問題並沒有改善。

我告訴婆婆和看護：「這樣不行。要請心臟科醫師想辦法讓心律降下來。哪種方法都可以，不降不行。」

隔天下午，個管師再去看黃婆婆，卻馬上焦急地打電話給我：「乃菁醫師，到底怎麼回事？黃婆婆說是你告訴她，說不用做什麼特別的治療。因此，她告訴心臟科醫師：『乃菁醫師說再觀察就好。』」

她的話，像雷一樣打在我頭上。

我又急又氣，馬上打電話給黃婆婆，更重要的是，加打一通給她的女兒。慎重地告訴他們：「務必要解決心臟問題，並且不要隨便發明自己想要的療法，還拿我的名字來當擋箭牌！」

一切都來不及了

可惜，一切都來不及了。當天下午，黃婆婆發生中風。

我馬上到加護病房看她。只見她已經插上鼻胃管，無法言語。右手和右腳都沒有力氣，全身被約束在床上。

這一幕，讓我想罵，也不忍心，只能按捺住火氣說：「你看看你，現在不能任性了。你一直很愛說話，但現在不能說，也不能跑了。」

失去說話能力的黃婆婆，微微地搖搖頭。

我再問：「我幫你把約束的帶子拿掉，好嗎？」

黃婆婆眨眨眼睛，出現期待的神情。

於是，我轉頭去找護理師：「黃婆婆照顧先生十幾年，她先生就是插著鼻胃管，因此她了解這個管子的重要。相信我，即使解開約束，她也不會動手拔掉鼻胃管的。現在的她，只是不能說話，但我們可以相信她的自律能力。」

同仁被我說服了，解開約束後的黃婆婆，也的確乖乖地插著鼻胃管。

她就這樣在病房中，過了十來天不需要被手腳綑綁的生活。

女兒的話，讓我為黃婆婆難過起來

看到這裡，大家可能覺得黃婆婆是個固執又難搞的老人家，但我後來才發現，婆婆的家屬讓人困擾的功力也不遑多讓。

不知道是因為長年來都沒涉入到母親的生活，或者這家人天性如此，後續老是出現讓人無言以對的場景。

例如，黃婆婆的女兒收到第一張醫院帳單時，她急匆匆地找我，大聲問：「陳醫師，住院需要付錢啊?!」

這個問題，還真是把我嚇到了。

我於是這樣反問：「你爸爸這幾年陸陸續續因為肺炎住院許多次，光加護病房就住過兩個月。每次住院，都是這樣的流程，同樣都是需要付費的，你不清楚嗎？」

大概是聽出我責備的語氣，黃小姐吞吞吐吐地說：「過去，我都沒有到醫院付錢啊，我也很少去看媽媽在忙什麼，因為媽媽都會一手包辦。」

停了停後，她難過地說：「我沒有想過媽媽會生病。」

後來，黃婆婆終於能離開加護病房，轉到一般病房。黃小姐開始在電話裡，追著我問：「媽媽何時可以完全好起來？」

我對她用到「完全」兩個字，很不放心。於是，和她約好了時間，到心臟科碰面。一踏入病房，我就看到黃婆婆依舊插著鼻胃管，但已經滿懷鬥志地下床走動了。

黃小姐憂慮地對我說：「我們要等媽媽完全好起來再回家。不然，我不會照顧她。」

我坦白告訴她：「你媽媽現在的狀況，只需要做語言復健就可以，並沒有到需要長久住院。所以，她過不久還是需要辦理出院回家。」

黃小姐更是手足無措：「可是，我不知道媽媽的存款在哪裡，更不知道要如何領錢來幫她辦出院。」

她的話，讓我打心底為黃婆婆難過起來。

硬要黃婆婆待在房內，她反倒會生病

就我所知，黃婆婆一生打拚後頗有積蓄。她大方出資，幫助兩個女兒開店、做生意，也陸續買房子和土地給她們，只差沒傾盡所有身上的每一分錢都拿出來。

黃婆婆留點錢在身旁，為的也是從沒跟晚輩拿過錢，所以長年來黃爺爺和她自己的生活花費，以及醫療和照護費用，都是由她自己支出。沒想到，此時的黃婆婆，面對的卻是毫無頭緒的家屬。

我進入病房，仔細觀察黃婆婆的狀況，確認她雖然言語上有困難，但沒有流口水或者嗆咳現象。

再進一步評估後，確認黃婆婆可以自行吞嚥，於是我就幫忙把她的鼻胃管移除。當管子一離開身體，黃婆婆立刻發出啊啊聲，來傳遞她高興的心情。

黃婆婆終於可以脫離鼻胃管，又能自主活動。

倒是黃小姐，因此有了有新的困擾：「媽媽整天一直到處亂跑，在醫院內，四處走來走去。我要怎麼樣才能讓媽媽乖乖地待在房間呢？」

我這樣回答：「你媽媽健健康康的時候，是會乖乖關在房間內的人嗎？你想想，她過去連呆坐在房內一小時都不願意，所以**現在她的表現，就是過去她向來生活的方式啊。**你硬要她待在房內，她反倒會生病的。」

黃小姐想了一下後，承認我是對的，這才願意接受黃婆婆現在的舉動。她想通了讓媽媽做她喜歡做的，只要媽媽沒有危險就好。

女兒來電：「乃菁醫師，要怎樣辦出院呢？」

但後來，我還是擠出時間，找黃小姐面對面細談：「這幾年，當你忙碌過你的生活時，**你媽媽的生活是怎麼過呢？我來告訴你。**首先，她早上起床後，會出門買早餐，飯後散散步，再去逛街採買，之後整理好東西，準備去探訪你爸。到了機構，就是一連串的動作，幫你爸刷牙、洗臉等等。做完後，再花一小時與機構人員聊天，既是照顧你爸的狀況，也是聯絡彼此的感情。從機構出來後，就是午餐時間，吃完飯和午休後，你媽會去公園走走，或者搭捷運到高雄四處逛逛。有時候會回岡山看看老家，還有你們。當她不搭捷運時，她就會開著電動車四處走動。」

說到這裡，我陷入回憶：「你媽很愛開車呢。過去，她最喜歡的就是開她心愛的賓士車在高速公路上奔馳。知道我會在高速公路維持九十公里的時速後，她還嫌棄我像烏龜呢！」

我的話，讓黃小姐睜大雙眼：「我媽在高速公路上開那麼快啊!!!」

我點點頭：「對喔，所以你想想你媽一直是快速移動的個性，直到她突然間因為中風，失去了自由。好不容易現在又重拾自由，**請你們也尊重她想要的生活吧**。」

這場談話後，沒隔幾天，黃婆婆出院的時間到了。我又接到黃小姐來電：「乃菁醫師，要怎樣辦出院呢？」

這問題，讓我整個人傻住。

但我終究還是選擇把她當「照護幼稚園生」那樣的耐心教導：「請帶錢，你還需要把住院期間累積下的個人物品打包，帶回家。所以，要有車子來搬運。」

我在心底想的是：黃小姐也六十多歲了，怎麼還會如此脫線呢？我忍不住暗自責怪過去黃婆婆包山包海，為家屬做太多事情，導致女兒到了這年紀，還是茫然到只能無助地到處問人。

歷經這一番折騰的黃家母女，好不容易出院回家了。之後，就是定期回到門診追蹤。

長年縱容晚輩不插手長輩的醫療照護問題

回診當天，我毫不意外地又接到黃小姐來電：「乃菁醫師，我媽今天要回診，請問要如何回診呢？」

聽見問題那一秒鐘，我內心再度對黃婆婆小有怨言。忍不住想，是她過去讓自己獨立自主太久，又長年縱容晚輩不插手長輩的醫療照護問題，才導致這樣的場面出現。

想歸想，我還是耐心地回答：「回診不難，就是你開車，帶著你媽到醫院來，找到回診單上所寫的診間。」我還特別叮嚀：「要依照掛號的號碼順序，不能插隊喔！」

黃小姐依照指示，完成了帶媽媽回診的冒險任務。一離開診間，她又來找我：「看診完，就可以回家嗎？」

此時的我，已經習慣成自然：「要先去繳費，再到藥局，領完藥，才能回家。」

黃小姐立刻反問：「藥局在哪裡呢？」

我看著眼前這對母女，伸手拿出藥單給黃婆婆：「阿嬤，你知道藥局在哪裡，對不對？」

黃婆婆點頭。

我告訴她們：「阿嬤，你帶女兒去藥局。」

我轉頭面對黃小姐：「你媽媽雖然說不出話，可是她心裡都清楚，請跟著她走。」

看著她們的背影，我心中不無感慨，終於啊，從住院到復健，再到出院，以及定期回診，終於把家屬都教會了，真是好不容易。

對黃婆婆來說，事情都還在她的心裡

我當然沒奢望家屬自此就能獨立自主，也如我預料的，黃小姐不時傳來充滿問題和疲憊情緒的簡訊，反映出長年來互不熟悉的母女，相處在一個屋簷下的緊張狀況。

那天，黃小姐來到醫院，對我說：「陳醫師，快救我！我媽說個不停，我知道她在罵我過去沒做好的事情。問題是，我媽像是還活在十年前，一直罵我做生意賠掉很多錢。」

我安慰她：「其實，你的事情，我都知道。因為你媽媽每次回診，都來找我說你賠錢的事情，包括你因為出國而花掉很多錢的事情。所以，不要覺得她讓自己活在十年前的生活。**你要知道，這些事情對她來說，是真的很在意啊。你媽媽因為疼愛孩子們，所以，她沒有把煩惱告訴你，而你也沒時間聽**，所以你覺得這些都過去了。不知道這些事情累積在媽媽心裡，**對她來說，事情從來沒有過去。**」

我進一步解釋：「她愛你們，知道你們工作辛苦。所以，即使她已經八十多歲，她還是選擇自己一個人承擔你爸爸的照顧工作，從陪伴、醫療、照護到經濟問題，都是她在處理。從這次你媽媽生病的經驗，我發現你們很無助，很多事情都不會處理。這些，我都可以教你。可是，**陪伴媽媽以及加強你與媽媽之間的聯繫，是你身為女兒的責任啊。**」

生病後，即使表達能力不是那麼清楚，她還是一個完整的人

最後，我叮嚀她：「你媽媽就是這樣獨立，所以她才不讓你執行子女應盡的義務。但也因為這樣獨立的個性，我們要記得她生病後，即使表達能力不是那麼清楚，她還是一個完整的人，她依舊有她想做的事情，也需要大家都尊重她的想法。請不要突然

間就期望媽媽變成一個毫無意見的人，更不要把她變成整天只需要依照指示吃飯、睡覺、吃藥，只能困守在房間裡的金絲雀。」

聽完我長長的一段話後，黃小姐認真地點點頭。答應我，會回去盡力處理母女關係，加強彼此的互動狀況。

而我當然只能保持樂觀的態度，期待母女相處能愈來愈好。如此一來，黃婆婆的身心狀況，才能獲得改善。

只是看著她們離去的身影，我忍不住想，若能重來，她們是不是會願意採取不同的方式來與家人相處呢？

再想想，互不熟悉的親子關係，又豈是這一家人獨有？那麼，天下還有多少個家庭，能來得及改善彼此的關係和相處方式？

希望大家都不需要到後來再後悔。如果可能，最好是盡早開始改善關係，讓愛有正確的傳遞方式。畢竟**有時候過多的保護，並不是最好的愛護啊。**

醫生的交代愛注意

不曾求助的母親，並不表示就不需要被關心

1你是不是一個習慣一手包辦的人呢？如果是，快點找人來。可是找人來要做什麼呢？

①與你一起承擔你現在在做的事情。

②把你自己的需求與喜好，讓人知道。

2**你所摯愛的父親或母親是否正一手包辦著照顧事務？然後都對你說：「孩子，好好衝事業，一切有我。」**如果是這樣，請趕快回家去陪爸媽聊聊。有空的時候，也陪他們一起做做照顧者的工作吧。

3如果我們沒有辦法一直一個人完成所有的事情，且無怨無悔，我們也不應該以為家裡那個「獨立」支撐著照顧責任的家人，是完全無怨無悔的。

4身體再好，意志力再堅強的父母，還是會生病的。**請提早認識這個變老的父母，他可能跟你記憶中的他，已經不一樣了。**

盲點21：竟然將父母送到安養中心，太不孝了

▼選擇送安養中心並不容易，請多給家屬同理與支持

以我國民情來說，晚輩將長輩送往安養中心，通常都是不得已的，許多都是到了走投無路的地步。

至今，父母們還是會在心中期望著自己，在青壯年時養兒育女，等到自己做不動了，老病了，能有兒女同住，並照顧晚年。

即使在今日為人父母的，知道年輕一輩謀生困難，或多或少降低了期望，但嘴上可以硬著說：「他們把自己顧好就好了。」可是心底的期望還是在的啊。就算做父母的

不說，親朋好友也會有意無意間，明示、暗示著兒女輩該這樣做。

在這樣的氛圍下，為人子女者怎麼可能會不知道呢？他們心中都明白將長輩送往安養中心，要承擔多大的心理壓力，但這又是多不得已的選擇，他們心底有濃厚的罪惡感。

而當兒女輩無法扛起照顧父母的重擔時，就要靠老夫妻間的一方來分擔了。考慮到我們的社會中多半是先生較太太年長，因此多是太太這方來當主要照顧者。

可是做太太的，本身也有年紀了啊，長年因生兒育女而產生的消耗，往往讓她們要顧先生，也要顧自己。**在蠟燭兩頭燒下，送安養中心就成為壓力大，可是不得不為的選項。**

徐先生覺得自己被遺棄了

那天，我就從徐先生和徐太太身上看到這件事。徐先生因為失智症而成為我的患者，夫妻兩年來相互為伴，彼此照顧。孩子們長大成人，出去打拚了，多半時間不在身旁。

徐太太將照顧先生，視為自己生命的重要任務。可是，漸漸的，她的身體也不好了。起先出現氣喘，醫師檢查後，發現是心臟問題，需要住院。可是她若住院了，徐先生的日常生活照顧怎麼辦呢？

思考良久後，徐太太決定只有速戰速決這條路。於是，她先找好安養中心，一大早先安排先生入住，眼淚都還沒乾，就從安養中心離開，轉往醫院，辦理住院。

幾天後，檢查治療都完成。徐太太一出院，就趕快到安養中心，把先生接回家。但這幾天的分別，到底造成了影響。徐先生覺得自己被遺棄了，回家後，情緒起伏不定，生活作息不正常，不願意正常吃飯和睡覺，擺著一張臉，在家中走來走去。

心理和身體都已飽受折磨的徐太太，向我訴苦：「乃菁醫師啊，我想念以前那個失智的先生。」

邱先生入住安養中心，從能自行走動到變成插上尿管、坐輪椅進出

另一個類似的家庭，是邱先生與邱太太這對老夫妻。邱先生失智後情緒不穩定，有時還會出現攻擊行為。

我就曾接到邱太太的求救電話：「乃菁醫師，我先生打我，我好害怕。」

我先讓她鎮定下來，再請她去看看先生：「你先離開現場是對的。可是也有段時間

了，我想你先生失智程度已經到中重度，所以現在早忘記發生過這件事了吧。」

邱太太這才鼓起勇氣，把房門打開，果然看見被關在房內的邱先生，就像一個迷路的小孩那樣，心急著找她。

邱太太長年照顧下來，並不容易。她用心把先生照顧得很好，雖然已經到失語的階段，但日常行走等，都還可以自己來。

可是，邱太太也老了，考慮自己年紀一年年增長，體力一天天下降，沒辦法再這樣日夜提心吊膽地消耗下去。於是，掙扎許久後，決定將邱先生送往安養中心。

沒想到，邱先生入住安養中心，還不到兩個月，就發生送醫狀況。從能自行走動到變成插上尿管、坐輪椅進出。

由家到安養中心，而後到醫院再回家，又到安養中心的輪迴

邱太太很不忍心地把先生接回家照顧。透過在家照顧，成功移除尿管。可是，過沒幾個月，邱太太還是照顧得快崩潰，於是，再把邱先生送往安養中心。

過幾個月，我又見到坐輪椅、插上尿管的邱先生來醫院……

如此這般，由家到安養中心，而後到醫院再回家，又到安養中心的輪迴，延續了兩

年，直到邱太太決定雇用外籍看護到家中，一起照顧先生，這才終止了這個循環。

一晃眼，至今也過了四年，邱先生依然失語，但在邱太太與外籍看護的照顧之下，在家居住的他，身上沒有尿管，還能在家裡顫巍巍地一步一步慢慢走。

邱太太苦笑著告訴我，要用時間和耐心慢慢耗下去。「**照顧真的很累。可是，我捨不得啊。**」她說：「我都這樣照顧到今天了，習慣了，也不難了。」

扛了十年照顧重擔的太太

另一位類似的家庭照顧者是許太太。失智的許先生有時會情緒不穩，想打人。緊急時，許太太就會叫救護車，送往急診室。

她曾害怕地說：「乃菁醫師，我先生眼神兇惡，就像要殺我一樣。」

我知道許太太的恐懼是真的。可是，我每回到病房看許先生時，見到他被五花大綁著，就會忍不住將他鬆綁，而只要手腳的束縛一被鬆開，許先生就會露出小孩子般的笑容看著我，讓我忍不住懷疑，到底是什麼樣的情境，才引起那麼大的刺激呢？

於是，我會勸他：「許先生，你要乖乖喔。沒事，不要亂生氣。」

頭一回，他會微笑，但只要我再說一次：「許先生，要乖乖喔。沒事，不要亂生氣。」他就會暴怒地大吼大叫些我聽不懂的話語。我猜他是討厭被囉嗦吧！

後來累到受不了的許太太，下了決心：「乃菁醫師，你理解生活在恐懼中的感受嗎？我累到極點了。現在幫先生找好安養中心。我要讓自己休息一下。」

看著已經扛了十年照顧重擔的她，我也只能點點頭。

「才去安養中心兩星期，他就瘦了。」

不久後，許太太送安養中心的資料給我，口中喃喃說著：「才去兩星期，他就瘦了。」

聽到許太太的口氣，我猜想許先生應該很快就會被接回家。

果然不久後，許先生就回家住了。門診時間，我再度見到夫妻兩人。當天，還有陪同就醫的照顧服務員一起來。

許太太自嘲似的說：「把他帶回家照顧，雖然我會累，可是我好像被這樣的生活方式綁架了呢。因為把他送去安養中心兩星期，我每天就想著他，心裡捨不得。你說，我是不是有毛病？」

我根本不回答這個問題。我只誠懇、認真地告訴許太太：「你很棒喔！」

無論是自己照顧或送安養中心，我們能做的最好方式，就是支持

我相信對家屬來說，他們是最了解患者，也是承擔最大照顧工作的人，所以，他們也是最有資格決定照顧方式的人。

無論是自己照顧或者送安養中心，他們都是慎重思考後的決定。**沒有哪一種決定是容易的**，所以對不是家屬的人來說，我們能做的最好方式，就是表達支持，隨時問問：「有什麼事情我能幫忙嗎？」

就以送安養中心來說，這件事，也沒有對錯。

家屬若將患者送安養中心，都是歷經心理掙扎的。他們自己本身的心頭重擔已經夠多了。相信好幾回夜深人靜，看著患者留在家中空落落的床位，家屬會千百次問自己，到底做得對不對。

此時，對他們來說，最不需要的，就是光出一張嘴的人來一句批評啊。

尊重被照顧者的意願

讓我們用更開闊的心態，面對送安養中心這件事，體會家屬不得已的心態。

而在照顧者這方來說，我也希望家屬理解安養中心，看似一個終點，好像把人送過去後，萬事都會自動變好。但其實，實務經驗告訴我，現實面不是這樣的啊。而**很多時候，我們會在反反覆覆中掙扎，不見得會比較輕鬆。**

同時，我們要記得照顧這件事，從來不只涉及一個人。被照顧的那個人，也是這件事中的關鍵角色。我們也該注意他們的意願，要雙方都有共識，才能讓彼此都輕鬆，更有可能因為有共識，大家可以一起找出過去沒想過的方式呢。

例如，張媽媽曾有因憂鬱而想燒炭自殺的過往，張小姐照顧她，也累了，但看看身邊的例子，又覺得即使找個外籍看護來家裡，看護也只會滑手機，沒辦法與老人家互動。

於是，她在診間忍不住開口：「我想送媽媽去安養中心。住那裡，至少有人可以和媽媽說話、互動。醫生，你說好不好？」

在一旁的張媽媽，卻立刻緊張地說：「不要送我去安養中心！」

體會到母女間劍拔弩張的氣氛。我用溫和的口吻建議：「**我們來讓張媽媽復健看看好了。**如果復健後身體功能變好了，張媽媽生活上多少可以自理。**同時間，你申請長照服務。讓居服員到你家中協助，也能多個人和張媽媽互動。**」

張媽媽用力地點頭：「我會努力復健。讓我住在家裡啦。」

張媽媽的認真神情，讓張小姐接受了我的建議。

這些家庭就是我在診間看過的人生百態啊。說起來，每個家庭都不容易。即使在種種考慮後，還是決定送安養機構，也不代表這是錯誤。

很多時候，會因為有機構的專人照顧，而讓家庭感情變得更好。

當然，與親人分離都是痛苦的，要承擔社會中七嘴八舌的評論，更是百口莫辯，所以，當我們在生活中遇到將長輩送安養機構的例子，就讓我們少批評，多給協助，體諒他們的為難吧。

醫生的交代愛注意

適合自己的安養中心怎麼評估？

1 二十年後，台灣將有百分之三十的人都是六十五歲以上。與其期待家人同住，不如好好思考，如何替年邁、身體逐漸衰弱的自己，尋找適合的生活地點。

是要住在老人公寓？集合式住宅？安養中心？養護機構？有名的安養中心要三十年前預訂，所以目前四十歲的我們，是不是也要先去排隊了呢？

2價格是一種考量，設備是一種考量，是否附設醫療相關的復健服務是考量，距離家人住的地方近不近，也是考量。

經過全盤的考量，會決定我們居住的第一個安養中心。環境重要，可是離家近，才能常常跟家人見面啊。

3如果第一間安養中心不滿意，我們必須要尋找下一個安養中心時，我們會知道哪一件事情，是我們最重視的，是絕不可觸犯的雷區。我們將會根據這個目標來選擇。

4在相同價位的安養中心之中，要如何選擇呢？現場環境整齊、乾淨嗎？舊的設備多久會更新呢？最重要的是味道（都是消毒水或是排泄物的味道），也會影響我們每天生活的感受。

其實，**我們也可以看看目前居住在機構的長輩們，他們的表情開不開心、有沒有笑容、有沒有人跟工作人員互動、聊天**，以此來當參考呢。

5在安養中心，若能有自由進出的自由，以及偶爾有家人來探望，然後一起吃吃飯、聊天，這也是很棒的事情呢。

盲點22：兒女不斷要求醫師打營養針，延續父親生命

▼善終不容易，患者與家屬都需要同理與支持

當醫生就是要面對生老病死，其中最難的，當然是處理死亡。年資一久，或許讓我在處理過程中熟練了些，但每回經歷，都還是不容易。例如，近期吳爺爺的經歷，就給我許多省思。

「你們真的要讓他挨針，挨到人生最後一天嗎？」

吳爺爺高齡八十歲。在胰臟癌的折磨下，食慾不振、身心狀況差，家屬送他來住

院。

一入院，吳爺爺的兒子就不停要求打營養針，又問：「以前醫生幫我爸放過膽管支架。這回，可以再放一次嗎？」

歷經一連串檢查後，我們初步研判沒有中風，應該是因為癌細胞塞住了消化系統後導致的食慾不振。

如此一來，就不是支架或營養針能解決的問題，這些安排甚至還可能反倒為身體帶來負擔。所以，我們持續安排不同科別的醫師來看吳爺爺，期望能解決癌細胞塞住消化系統，並進一步引起黃疸的問題。

但吳爺爺的兒女們對這些檢驗都不在意。他們也理解父親已經進入生命末期，可是，在行動上，還是不停地要求透過打營養針來延續父親的生命。

我終於忍不住對他們說：「你爸爸目前的狀況，是身上找不到可以打針的血管了。就算勉強打進去，身體也沒辦法吸收營養。你們真的要讓他挨針，挨到人生最後一天嗎？」

躺在床上的吳爺爺搶先開口：「我不想再打針、吃藥了。」

他轉頭看看兒女們：「我就快死了。我知道的啊。」

吳爺爺的口氣很平靜，但兒女們都哭了。

好長一段時間，誰都不說話。

千萬不要讓我被搶救，我要順其自然地走

於是，我深吸一口氣，再度站出來，當破冰的人：「爺爺啊，您想過您最後一程，要怎樣處理嗎？」

吳爺爺說：「我要穿我那套紫色的衣服。還有，請把我所有的西裝都燒給我。那些都是我最喜歡的衣服。」

他解釋：「以前我阿爸的後事辦完，我忍不住留下幾套他的西裝放在身邊，心想能當紀念。可是過了兩年，我還是把那幾套西裝再燒給他。我想，人走後，最終，東西都還是要處理掉的。現在輪到我了，我就先自己安排，幫孩子們省麻煩吧。」

吳爺爺看看孩子們，表情嚴肅起來：「其實人生走到今天，我心滿意足，沒有遺憾。你們都很孝順，千萬不要讓我被搶救喔。我要順其自然地走。」

吳爺爺簽下放棄急救同意書

那天，我帶著家屬走出病房。心想既然吳爺爺都這樣說了，那麼，是不是趁機簽署

放棄急救同意書。

但我的建議，馬上被家屬們拒絕：「我們沒辦法，也沒有勇氣簽下這種同意書！醫生，你看是不是還有引流術或其他方法，可以嘗試延長我爸爸的生命呢？」

面對這個棘手問題，我思考好幾天後，還是決定帶著同意書回到病房內，看看是不是有機會，討論若真到緊急關卡是否需要搶救的決定。

家屬們一明白我的企圖，就馬上對我使眼色，希望我快把同意書收起來。反倒是癌末的吳爺爺說：「快拿給我吧，我要簽！」

吳爺爺轉頭問我：「醫生，我應該可以替自己簽，對吧？」

爺爺簽了，我也好好對他們一家人解釋：**就算是簽署了同意書**，也不代表吳爺爺就會立刻死亡，或者醫療單位就不幫爺爺做任何處置了。**該做的醫療，該處理的症狀，都還是會好好地進行。**

同意書的簽署，代表的是吳爺爺這位當事者對人生最終一程如何走，已經有了決定。

但吳爺爺的兒子明顯地不想討論這件事情。一出病房，就追著我問：「如果癌細胞一直長，又無法再放膽道支架，可以插引流管，把膽汁引流出來嗎？」

我內心嘆氣，但在家屬持續要求下，我們還是幫吳爺爺做體外引流，膽色素因此下降了點。

吳爺爺動手拔掉引流管

可是，我隔天到病房，就聽很多人抱怨，吳爺爺的引流管拔掉了。一問之下，發現是吳爺爺自己動手拔除。

我問吳爺爺：「要插上這管子，要花好多人力呢，您為什麼自己拔掉了？」

他說：「這個東西讓我身體不舒服啊，讓我連睡都睡不好。再說，我拔就拔了。現在我還活著啊。」

既然老人家這樣反應，我本想就不要堅持把管路再插回去了，但吳爺爺的孩子們堅持要再插，我們只好繼續幫老人家，再安排一次膽管引流術。

歷經好一番折騰後，才再度把引流管插回去。

執行這個治療前，我語重心長地對吳爺爺說：「坦白說，我們做這些事，是為了讓您延長生命，但我們放，您動手拔，這樣，就達不到醫療的效果和意義了。目前看來，醫療也不能夠再多做什麼，您又想家，那麼，這次放回引流管後就回家，好嗎？回家後，也不需要擔心，因為**我會請醫師和護理師定期到您家裡，有任何需求，都可以**

有人協助。您就好好地在家中享受人生最後的日子，好嗎？」

吳爺爺微笑，點頭。進一步要求我們把大多數的藥物都停了，只留下止痛藥等基本用藥，隔天辦理出院。

但兩天後，我們馬上接到吳小姐的來電，明顯帶著怒氣：「我爸爸就是不聽話！他又把管子拔掉了！醫生，我想帶他去急診室，再插一次引流管。回家後，就把他四肢都綁在床上，讓他無法再動手拔管。」

女兒說：「回家後，就把他四肢都綁在床上，讓爸爸無法再動手拔管。」

我愣住了。第一時間，真不知道怎麼開口。

想了想後，**我問：「對你來說，『爸爸還活著』，比『他活得開不開心』，還更重要，對嗎？」**

吳小姐沉默，不回答。

我說：「若把你爸爸從清醒的狀態綁到昏迷，他人生最後的印象，會是身體癢不能抓，不舒服卻不能翻身。讓他無法動彈，只是因為我們不希望他動手拔引流管，這樣好嗎？」

說到最後，我有點不客氣地建議她，先請哥哥把她綁在床上一小時試試看。

終於，吳小姐嘆口氣：「好吧！我不送他去急診了。我會好好陪在他身邊，直到最後。」

很慶幸家屬能想通，讓吳爺爺能如他期盼的，在家中好好地走了。

我知道兒女們捨不得老父親，可是**若「捨不得」變成「綑綁」**，就如同怕所愛的人一離開我們身旁，會遭遇危險，於是提早砍掉他的雙腳那樣毫無道理啊。

我們的社會無法擺脫「救到最後一刻，才是孝順」的觀念

我想起另一位居家訪視過程中見到的長輩。李阿嬤也因癌症來到生命末期，兒女們明白醫療已經無法再多做什麼，於是選擇不送醫院，改回到家中照顧，由我們居家醫療團隊定期去訪視。

話雖如此，他們心頭上的壓力，還是沉重到忍不住問我：「我們這樣做，好嗎？會不會被說『不孝順』、『沒有拚命治療到最後』呢？」

我好奇他們怎麼會這樣想。

家屬解釋：「之前爸爸化療時，吐個不停、體重下降，全身都不舒服。我們問醫師

要不要暫停，讓爸爸休息一下。可是醫師很不以為然地看著我們，還說我們很不孝順。他說如果放棄了，難道我們是要讓父親去死嗎？」

回想到這一幕，家屬的眼淚流個不停。

我慢慢地勸：「人啊，總有一天要離開人世的。告別總是感傷，但要讓人帶著幸福感離開，說起來，也是一件不容易的事情呢。就像我小時候每次去阿嬤家住一個月，要搬回自己家時，都不想分開。再長大一點、歷經好幾次畢業典禮，我總是哭得唏哩嘩啦的。**也許，我們可以把死亡當成畢業，想想如何幫長輩好好辦一場畢業典禮，讓他們能歡歡喜喜地畢業。**這樣的想法，能不能幫助你面對呢？」

李阿嬤是幸福的，但他的兒女們即使支持老人家想在家中順順地走的心願，還是需要很多的心理支持，畢竟我們的社會還免不了「拚命救、救到最後一刻才是孝順」的觀念。

於是，有時候，老父老母為了避免孩子背負不孝的罪名，必須拖著殘破的身軀，奮戰到最後一刻，兒女們也必須承受看著父母受折磨的心理壓力，雙方都太辛苦了。

既然生老病死就是人生必經的過程，期望社會上每一個人都能尊重當事者面對死亡的態度與決策。**以患者為中心出發**，畢竟誰都沒有辦法幫誰走這一遭。**期望每個家庭都能盡早談談生死大事**，勇於掙脫心理上的束縛。想通了，好好放過自己，也放過他人，讓人生最後一程多點溫馨。

就如一場完滿的畢業典禮，我們即使分別了，還能帶著愛與溫暖，回憶相處的歲月。

醫生的交代愛注意

人生的畢業典禮，放手不容易

1 照顧年邁父母的最後一關，就是要面對死亡關卡。但沒有人在這個關鍵時刻能毫無情緒的全然放手，讓老父老母離世。

特別是當老人家的心願是想在家中嚥下最後一口氣時，為人兒女要處理的情感和醫療問題，更是困難。因此，**我們可以多給照顧者支持**。

要知道無論如何做，善終是每一個人的心願，卻也是最難達成的目標。

2 在宅善終雖然困難，但在醫療團隊的協助下，的確是有可能的。若有這樣的想法，可以提早和醫療人員討論，也能因為有專業人員的介入，而提早整合家人間的意見。

3 身為被照顧的老父母們，也可以盡力幫助自己在生命末期，以想要的方式獲得照顧，同時幫助家人們，處理自己的人生大事，例如**預立醫囑**（Advance Care Planning，簡稱ACP）**就是一個好方法。**可以向醫療單位諮詢後，設立預立醫囑。透過文字記錄，寫明在哪些情況下，願意或不願意插鼻胃管，關鍵時刻是否要使用點滴，或其他不同程度的急救方式等等。預立醫囑可以幫助我們先行思考和決定，避免將這些決定都一股腦地丟給其他家人來面對。

也請大家都理解孩子們面對家中長輩離世，已有太多驚慌，若還需要在短期內給出決定，讓醫療團隊執行，的確可能會有不盡如人意之處。

4 家有高齡長輩的孩子們，為避免將來的驚慌失措和為處置不當而懊悔，可以**盡早與長輩們談談如何面對死亡的議題。**

而一旦理解他們的想法後，應該秉持尊重的心意，盡力達成。畢竟**人生有限，活著的時候如何相處，才是關鍵**。希望我們透過對死亡的討論，能更珍惜活著時彼此相處的時光。

5人不只是有呼吸等基本生理徵狀，才代表活著。現代人愈來愈重視生活品質，因此即使大家面對死亡，難免恐懼，但也都期望如果活著就要有尊嚴，才代表活得像個人。

因此，**為人兒女者，無論再如何不捨，都要懂得放手**。別讓我們想挽留父母的私心，讓他們因此承受過多不必要的醫療而受苦了。

盲點23：照顧父母，讓我人生毫無意義……

▼長期照顧不只有付出，透過照顧，也追尋生命意義

「照顧」兩個字說來簡單，真要做到，卻不容易。

家屬們往往要歷經好幾年疲憊、焦慮、失眠、努力後想放棄、說要放棄卻又再次努力等各式各樣的情緒翻轉。

我常在夜深人靜之時，忍不住問自己：如果有天角色互換，我會有什麼樣的反應呢？若我是患者，我是不是依然有沉重的失落感？若換我當照顧者，我又真能做得比眼前的家屬們更好嗎？

「我照顧老公十五年了，我終於找到照顧的意義。」

我想起近日居家訪視過程中所見到的高齡八十四歲的吳奶奶，她有感而發地告訴我：「乃菁醫師，我照顧老公十五年了，現在我終於找到照顧的意義。」

看到我好奇的眼神，她進一步解釋：「我先生因為巴金森氏症，漸漸退化，後來還合併失智症。自開始照顧他，我常覺得生命無常。照顧他，我雖是心甘情願的，但有時候還是會覺得日子漫長難熬。這幾年，我信了主，許多教友幫我加油、打氣，陪我一起禱告，也給我溫暖，可是，我還是心慌、沒有踏實的感覺，常覺得找不到這樣日復一日照顧下去的意義。」

吳奶奶口氣一轉：「你也知道我到處找書看，打發時間外，也多少學點東西。前幾天我讀著讀著，突然有個想法浮現腦海。我頓悟到我要感謝我先生，因為他需要照顧，所以我每天都像上班打卡那樣的幫他翻身、拍痰、餵藥、活動肢體、避免攣縮。可以說，**他用生病的身體和衰老的生命，讓我可以踏踏實實地、按表操課地度過每一天。因為他，現在的我，生活有重心，維持早睡早起、有事要忙的日子，這就是意義啊！**」

我太太用她殘破的身體，教我如何面對死亡

七十一歲的許爺爺，也是老伴的照顧者。許奶奶中風後，開始歷經癲癇、洗腎、反覆感染等考驗。一路上，許爺爺都是主要照顧者。一顧就是八年，直到近期許奶奶過世了。

八年來因為密切的醫病互動，我和家屬培養出親如一家的關係，因此許爺爺忍不住對我坦白：「這八年來因為照顧我太太，我覺得人生不容易啊！活得久，也只是受苦罷了。」

看著許爺爺落寞的神情，我知道他也不容易。畢竟許奶奶生病後從尚有半邊肢體可動，還保有語言能力，很快地，就一路下滑到只能勉強抬手，以及要靠家人猜測唇語來揣摩心意的地步。

許爺爺把這一切都看在眼底，心裡一定不好受，但即使我保證他們聘雇的外籍看護照顧品質足可信賴，鼓勵許爺爺多出門找朋友，散散心，他也從不願意。

許爺爺說：「這幾年裡，我甚至找了葬儀社來幫我太太預先做準備，可是好幾次都是我太太狀況很差，最後還是挺過去，我只能想那就是她的時間還沒到。看著她人生一路走到生病、再到死亡，這個過程讓我很失落啊，但即使這樣，我還是寧願待在她

身邊。」

他若有所思地說：「希望將來我走向死亡的過程不要這樣辛苦。我常想，也許我太太是用她殘破的身體在教我如何面對死亡呢。」

珍惜當下的每一天，陪他到最後

這兩位高齡照顧者的話，既有智慧，又有一種看破人生的釋然，而這樣的歷練，也出現在現年才三十二歲的高太太身上。

年紀尚輕的她，照顧罹患罕見疾病的先生許多年。近日高先生的病程已經快走到人生的終點。

我去看望他們時，高太太這樣說：「跟老公結婚前，我就知道他有罕見疾病。那時，他也開始發病了，但我還是決定要嫁給他。結婚後，每一個他想去的地方，我們都一起去走一走；沒出門旅行的日子裡，我們就認真工作，看著他手腳愈來愈沒有力氣，卻還是認真地要把每件事情做好，我都忍不住感動。」

她嘴角有淡淡的微笑：「這幾天，他有時喘得厲害，好幾次發燒感染。我知道他的病況正在惡化，他快要離開我了。對於這個結果，我們都準備好了，我會珍惜當下的每一天，一直陪他到最後。」

相信在照顧的漫漫長路上，太多人會對家屬說「加油」或者「你真是很棒的太太（或先生、兒女等）」，可是這些話認真計較起來，其實都是空泛的，因為旁人再怎麼打氣，都無法代替家屬每天親身照顧的辛勞，因此**唯有當事者能坦然地找到自己在照顧過程中，依然保有的生命價值**，擔任主要照顧者的家屬，才能接受長期照顧年歲裡的犧牲與考驗。

也唯有如此，照顧者才有機會化苦為甜，將照顧的付出，昇華為生命意義的獲得。

希望我自己以及所有的照顧者們，都能朝這樣的方向努力。

醫生的交代愛注意

思考與信仰讓我們找到照顧的答案

1長期照顧的過程是辛苦的。照顧者很容易就不自覺地將日子過成：一個人關在家中，密切地與被照顧者互動，為被照顧者的三餐和清潔盥洗等工作忙得團團轉。**一不小心就斷了與外界的連結，進而失去自我。**所以照顧家人時，請記得提醒自己，要為自己留點專屬的空間與時間，不要斷了與外界的接觸。

2宗教信仰在某個程度上，能為我們提供心靈的支持力量。有些宗教團體也會為教友提供到家中關懷和探視的服務，因此若長期以來都有與宗教接觸的經驗，就可以在長期照顧的過程中，**巧妙地善用宗教力量，引導家人正面思考人生的病痛以及如何面對死亡。**另外，教友的支持與協助，也可給予照顧者的心靈和日常生活，有所幫助。

3照顧工作辛苦難免，但只要轉念，就能幫助我們以不同的態度來面對。例如故事中的吳奶奶說因為要照顧老伴，她的生活規律，也因此找到信仰，這讓她感謝爺爺犧牲自己的身體，來幫助她透過規律的生活，而獲得健康的身體。希望大家也能用這樣的方式，思考長期照顧過程中的各個層面，以不同的眼光來面對每一天。

4 生而為人就會思考，而人生大哉問之一，就是自小難免會對自己存在世上的意義產生質疑，於是「我是誰」、「我生於世的意義是什麼？」等問題很自然會在照顧過程中，頻頻引發照顧者的自我思考。

當然，也有人忙於照顧都來不及，不會在這些哲學問題上糾結，但若善於思考和較為敏感的人，透過這樣的思考，將能引發自己對於照顧工作，獲得許多感觸，或許也能因此**豐富自己的人生意義，更可能藉此理解人生**。

5 把握每一個當下，認真度過每一天。

盲點24：我怎麼可以把有癲癇的兒子送安養中心？

▼身心耗損並非最好的照顧方法，照顧者先照顧好自己

林太太帶著林先生來到我的診間。患者是林先生，就與大多數的家屬一樣，林太太比患者還急著開口：「我先生記憶力減退，常常忘東忘西。雖然生活中大小事情向來都是我在處理，但我還是想要帶他來看醫生。早點確診，才能早點醫治。」

心頭忍不住一緊

這樣的描述，正是頭一回踏入診間的家屬常說的話，我是聽到習慣了，但林太太接

下來所說的，卻從來沒有一位家屬說過，讓我心頭忍不住一緊。

「陳醫師，坦白說啊，我是乳癌患者。前一陣子，好不容易結束乳癌療程，可是近期又被診斷出肺癌。」

林太太深深嘆口氣：「到最後先走的人是我，還是我先生呢？還真是不好說啊。」

我決定先嘗試減少林太太的憂慮：「有沒有什麼事情，是您希望我們做的呢？」

林太太帶點茫然的表情，說：「我也不知道怎麼說。其實自從我先生出現退化的跡象，我就開始擔心他平常宅在家裡，不太和人互動的習慣。要是我離開了，他身旁沒有人像我這樣了解他，剩下他一個人，要怎麼辦呢？雖然平常他也不見得都能把我和其他人的意見聽進去，可是，我還是想趁我還在的時候，盡力想辦法幫幫他啊。」

聽見這樣的話，坐在一旁的林先生馬上插嘴：「我沒有像你想像的那麼差啦！再說，我也不覺得自己有什麼退化現象啊。我就是不喜歡出門，喜歡待在家裡，有時候忘記一些小事情。說起來都不嚴重嘛。你該把自己照顧好，不要老是逼著我出門參加各種活動啦。」

擔任起夫妻間的橋梁

看著眼前這對夫妻的互動，我醒悟問題的關鍵和林太太比較相關。

或許林先生的確有失智症初期的徵兆，但林太太這幾年來受癌症所苦，擔心自己身體撐不下去，憂慮轉為對先生未來照顧的擔心，於是很積極地想趁自己還有體力的時候，帶著先生到醫院做檢查，還不時幫他安排各項社區活動，目的都是希望能幫先生擴展人際互動。

林太太的安排都是基於善意，可是對林先生來說，他的感受卻是「我知道你是為我好，但我也有自己的想法」那般的沉重。

既然雙方都是為對方著想，那麼就由我來當夫妻間的橋梁吧！於是我問林太太：「您目前癌症控制得還好嗎？」

她點點頭：「雖然我身上帶著兩種癌症，但目前病情還算穩定，治療過程也沒太大的不舒服，算是不幸中的大幸。」她快快說完，又立刻把話題轉回先生身上：「我唯一擔心的就是我老公啊。我看病和治療都可以自己搞定，可是我先生真的很內向、很宅，他以後生病了，要怎麼自己處理呢？你看，連今天來看病都需要我來幫他講述症狀。他完全不覺得自己有問題啊。」

林先生很努力地勸說：「我沒事，你別擔心。你盡力就好，其實我也努力在配合你啊。」

同樣的話，說了好幾回，但林太太明顯沒聽進去。

看診結束時，林太太讓先生先走出診間，刻意留在後面，對我重複交代：「誰先走，誰後走，真是不好說。我知道自己身體不好，孩子們也很忙，所以我趁自己還可以的時候，就帶他來檢查，幫他建立一個更好的生活習慣，讓他可以到社區，與人互動，不要整天待在家中。萬一哪天我先走了，至少，他還保有出門走走的習慣啊。」

最後結束在長長的嘆息聲中：「我也不知道自己能做到什麼地步，我只能求盡力，問心無愧。」

能照顧我女兒的，就剩下我一個人了

看著林太太深鎖的眉頭，我想起朱伯伯。朱伯伯的女兒朱小姐現年四十七歲，長期受癲癇所苦。

朱小姐對自己有所期待：「我想要更有力氣，想要減少癲癇發作次數，想要藥物都集中在晚上六點以前就吃完，否則安養中心的人，根本不照時間發藥給我，還會嫌我麻煩呢。」

即使女兒已經入住安養中心了，朱伯伯的關心程度不減，不時見到他陪著女兒來看診。朱伯伯總會耐心地讓女兒仔細與我討論藥物調整的問題。然後再偷偷地就他的觀察，跟我報告他的心得。女兒的心情可以在診間充分表達，然後狀況能維持穩定，朱伯伯也就心滿意足。

有一回，朱伯伯的女兒沒來，朱伯伯跟我報告女兒近況後，他猶豫了一下，再度對我說：「陳醫師，最近我常感覺頭暈、睡不好，我也可以掛號後，讓你看看嗎？」

我當然同意，卻也忍不住問：「朱伯伯啊，您靠自己照顧女兒好幾年了。即使送她去安養中心住，還是要每隔一段時間帶她來醫院回診，您會不會太累呢？」

朱伯伯說：「能照顧我女兒的，就剩下我一個人了。我也沒什麼錢，你看，我都七十幾歲了，還是繼續工作，就是要存我女兒住安養中心的費用。現在我至少還可以做到這些，等哪一天我走了以後，我女兒就只能看上天安排了。」

老人家的話讓我心酸起來，倒是朱伯伯安慰我：「醫生，每個人都有自己的命數，不用太替我擔心，我就是盡力而為。」

確診出癌症，無法再照顧癲癇兒子

另一位辛苦的照顧者是吳太太，她的兒子也是癲癇患者。吳太太自離婚後就一肩扛起對兒子的照顧工作。她白天將小吳送到教養中心，自己不嫌勞苦地進入拆船業賺錢。

但小吳難照顧，不時出現情緒問題或者突發性癲癇，好幾回，吳媽媽在工作中接到中心來電，要求她去把小吳接回家。

吳媽媽很苦惱：「乃菁醫師，我兒子不是有狀況，他只是想要撒嬌。其實他回到家後，不論是和我兩人相處，甚至是自己獨處，都沒出現大問題。就算出現癲癇現象，也是每天定期發生個一兩次，沒有到有生命危險的地步。可是，教養中心無法理解，所以每次癲癇發生或者情緒波動，他們就希望我去機構接他。長期這樣下來，我根本沒辦法好好工作賺錢。」

吳媽媽嘗試換了幾家教養中心，狀況都沒有改善。最終，她決定不再送教養中心，乾脆讓兒子待在家中，由她自己照顧。

以這樣的方式，持續一段時日後，我接到吳媽媽的來電。她說她無法陪同小吳定期回診，之後都會改由她出錢聘僱的居服人員陪同就醫。

當我問吳媽媽原因，吳媽媽坦白告訴我，她確診出癌症，要開始進入療程，打一場不好打的仗。

吳媽媽語氣很沉重：「照顧這孩子二十多年來，我也知道我能做的，就是盡力為他提供可以生活的地方和生活所需的費用。本來還以為自己至少可以做到我老去，可是生命很殘酷，我還沒到老年就生重病，不能再賺錢養他，連我自己都需要治療。說真的，我不知道自己可以活到哪個時候呢。」

吳媽媽繼續說：「過去，我從來沒向孩子的父親開口要求幫助，但現在狀況變成這樣。我會聯絡他，把事情坦白跟他說。如果他可以承擔，那就換他來照顧。如果沒辦法，也只好送安養中心或其他機構。就算再不適應，也只好這樣。」

她苦笑：「那時候就算再出狀況，我兒子已經是無父無母的孩子，那麼，工作人員即使想打電話給家長來帶孩子回家，也找不到人可以打了吧。」

長長的對話，結束在吳媽媽的哭聲中：「坦白說，這幾年，我好累啊。知道自己生大病，很錯愕、很捨不得我的孩子。可是，乃菁醫師啊，我突然有一種解脫的感覺。」

從林太太、朱伯伯和吳媽媽以及許許多多照顧者的身上，我一次又一次見到**照顧者勞苦的面龐和堅毅的背影**。

他們一個人扛著照顧家人的重擔，獨自走了好些年。長年來的孤單和疲憊，沉甸甸地壓在他們心頭上，但他們還是願意一年又一年盡力走下去，直到自己再也不能承擔後，才換上聽天由命的心情。

我知道照顧很難，希望我們都能盡力，多幫忙勞苦的照顧者們，更希望照顧者們在承擔重擔之餘，也能多愛自己，多尋求其他的照顧力量來一起分擔。

畢竟**照顧者若因此倒下，被留下來的家人，也不會過得比較輕鬆**。

即便人終有別離之時，但自我掏空般地付出，而忽略了對自己的照顧，甚至耗損到視死亡為解脫。對任何人來說，都太辛酸，也過於沉重了。

醫生的交代愛注意

如果我們比被照顧者還老，自己該如何準備？

1不是只有爸媽與老伴需要長照而已，如果孩子是身心障礙者呢？

2我們不只要為孩子做長期照護準備，也要為自己做好長照準備。因為我們老得比孩子快。

3在我們不幸先離世時，**如果有存錢，想留給孩子，可以使用金融機關的信託**。如果還有其他兄弟，又不確定弱勢孩子是否能獲得好的照顧，可以由社會局負責保管，並使用這筆錢來照顧孩子。

4如果孩子是單純的智能發展障礙，有很多的啟智學校，可以提供十八至六十四歲的住宿。若孩子的年齡更大，父母過世時，社會局的社工將會提供協助。**基本上，兄弟並沒有撫養義務，可以向社會福利相關單位，詢問當年度相關的政策、法規**。

5如果孩子是精神相關的嚴重疾病，導致無法適應社會，無法自我照顧的狀態。那麼，可能要去精神科的日間病房、社區復健等，而最終老化時，還是需要經由社會福利，入住公費的安置機構。

6**對孩子的未來最好的方式，還是要訓練好孩子**。基本要求是生活自理能力，其次是個性不能太寵，畢竟任性、愛生氣的孩子到了機構，可能大家在照顧上會很辛苦。

假如還能更進一步訓練，希望孩子也能從事簡單的工作，例如洗碗、送餐、烘焙、整理家務等。

盲點25：「我罹癌，但直到離世，都沒讓媽媽知道。」

▼充滿遺憾的道別方式，讓媽媽心底有一道最沉重的傷痕

面對死亡，是每個人的難關，但最近，我的身旁有一位白髮人送黑髮人的例子，更是讓人心酸。

患者是四十四歲的女兒，她的主治醫師很遺憾地宣布，癌症進展到醫療也無能為力的階段，因此建議是不是開始考慮採取安寧療護。

但長年來照顧患者的是七十四歲的母親。母女兩人都不想放棄，更捨不得對方，於是想方設法，要找找是不是還有再拚拚看的辦法。

「我女兒死了，我女兒就這樣死了！」

這讓我想起八十四歲的沈阿姨。沈阿姨有輕微的失智症症狀，特別在生病、失眠或是住院的時候，就特別容易發生譫妄和幻覺現象。

回想起沈阿姨七十四歲那年，她頭一次來看我的門診時，這樣說：「我睡不著，需要安眠藥。」一語氣彷彿述說「我口渴了，想喝水」那樣的自然。

倒是我懷疑事出有因，於是問：「最近發生什麼事了嗎？」

原本態度平靜的沈阿姨突然淚流滿面：「我女兒死了，我女兒就這樣死了！」

在沈阿姨邊哭邊講的過程中，我慢慢理解，原來沈阿姨和女兒兩人向來親密。女兒結婚成家後，每月還會定期找一天回老家，陪媽媽坐坐、聊聊天。

沈阿姨從沒覺得女兒有什麼改變，但到最後的兩個月，女兒推託說家裡忙、走不開，人不來了，改用電話和媽媽講講話。

女兒過世之後，沈阿姨才知道女兒罹患癌症。女兒沒出現，是因為治療效果不好，到最後，還是被癌症擊倒而離開了人世。

沈阿姨的女兒想必是不希望深愛她的母親為自己擔心，可是，她這樣的離開方式對被蒙在鼓裡的沈阿姨來說，也是一大打擊。

連跟女兒告別的機會，都沒有

沈阿姨哭著說：「我好愛她，可是她好殘忍啊！她用她自己的方式來處理。自己做了決定，不讓我知道，從頭到尾都把我排除在外後，就自顧自地走了。我根本不知道她生病了，連要跟生病的她告別的機會都沒有。」

沈阿姨接過我們遞給她的面紙，但眼淚卻是愈擦愈多。

她說：「我女兒走了，每天我只要看到我女兒每次回家來習慣坐的位置，她帶回來給我吃的零食，我就會一直哭。

「醫師啊，我好想她。**我們家裡最能和我聊的人就是她了！**幾年前，我先生過世後，我就開始自己一個人住，所以她定期回家陪我的時候，就是我每週最期待的時間了。可是她好殘忍啊，一個人承受治療的痛苦，一點都不讓我知道。打電話給我，故意讓我以為她只是忙，才沒有回家。然後，她就這樣消失了，我連抱抱她，跟她說再見，都沒機會啊。」

沈阿姨持續來看門診，吃藥對她有幫助，但她每次來，**每次哭泣，對她也有幫助。**

我們一次次聽她講心中的痛，直到她的憂傷漸漸減緩。

讓她知道，總有人願意聽她說說話

不過，沈阿姨的身體也很快地崩頹下去，特別是脊椎出現了問題。常因背痛苦惱的她，在神經外科醫師的協助下，三年裡開了三次刀。

每回剛開完都有明顯的改善，但不知道為什麼，過沒多久，疼痛的老問題就又回來了。

我很困惑在沈阿姨自己一個人住的日常生活中，怎麼會遭遇到導致她背部受傷的事情呢？

聽我這樣問，沈阿姨幽幽地說：「和我那死掉的女兒有關啊。這幾年，她先生失業了，帶著孩子們一起搬到我家。我要準備大家的三餐。我這個女婿不認真找工作，每天就是吃飯跟睡覺，也不管孩子們不愛讀書的問題。我忍不住管一下，但每次我叫孩子們去讀書，他們就一臉不高興。老實說，我提供免費吃住，有時候還要借點錢給他們。這樣的生活，我覺得好累啊。」

嘆了長長一口氣後，她繼續說：「回想起來，我這個女兒啊，個性和脾氣都太好，導致她先生和孩子們把很多事情都看成理所當然。你看，現在我當老媽子管他們，都被嫌棄了。可是到了這年紀，還有人像我做這麼多嗎？照顧孫子們還勉強說有道理，畢竟有血緣關係，可是，她先生呢？」

說到後來，沈阿姨對我坦白：「醫生啊，我想把他們趕出去。讓他們為自己的生活而努力，不能就想著靠我這個老婆子來過日子。」

接著在幾次門診中，我們就是耐心聽她描述和女婿與孫子們之間的衝突。**我們提供支持，讓她知道總有人願意聽她說說話。**

「我覺得很疲憊，大家也覺得我很難搞。」

幸好沈阿姨也是有智慧的人，最終還是把事情解決。後來，我也因為職務調動而離開這個門診，本想再沒有機會遇見沈阿姨。沒想到，兩年後，卻又意外地在醫院相見。這回沈阿姨是因為暈眩、全身無力而來住院。

住院後，做了全身檢查，我確定沈阿姨沒有中風等重大異常現象。推測她的暈眩問題或許和失眠有關。

原來這幾年，沈阿姨持續到住家附近的診所拿藥。只要一不舒服，就是拿藥。一覺得沒效，沈阿姨就換一家診所。累積下來，藥物的分量太多，她搞不懂應該怎麼辦，就隨便亂吃，到最後，因為身體太不舒服而來住院。

住院期間，我們幫沈阿姨調整用藥問題。她覺得身體舒服多了，於是順利地出院回家，改由定期門診，做後續追蹤。我們也就在門診中，接續起過往的緣分。

可惜，這時的沈阿姨嚴重重聽。好幾回，我都要靠在她的肩膀旁，對著耳朵講，她才能聽得懂一兩句。

這樣的對話方式很辛苦，需要雙方都拿出耐性和時間。

沈阿姨感嘆：「當我愈來愈聽不清楚的時候，我只能看著大家滔滔不絕地說話，可是我一個字都聽不清楚。我都還沒有時間，搞懂到底在說什麼，大家已經說完，走了。我覺得很疲憊，大家也覺得我很難搞。但是啊，大家沒想到吧？我年紀大了，就算聽得懂，反應也很慢，更何況我從一開始就聽不清楚啊。我很慶幸住院時，能和你這樣好好說話。因為即使到門診，你病人多，像是在打仗，要慢慢談，可不容易呢。」

我只能回以尷尬的一笑，心裡想著：「阿姨的另一個女兒，還擔心她失智呢。聽她講話這麼有條理，我看阿姨心如明鏡。很多的誤會，應該都是大家一開始就沒辦法好好溝通，導致雙方沒能確認對方聽到的意思和自己表達的意思，是不是有差異。」

如果長輩聽不清楚，我們就靠在她耳邊，慢慢說話

接下來幾年，我們持續在門診中見面。

有時候沈阿姨住在台北的女兒會特別南下陪同看診，但大部分時候，是一位住在阿姨家附近的七十四歲司機陪同。

這位司機長期搭載阿姨居住鄉鎮的年長者們來醫院。有時，也陪著看診和拿藥，之後再把長輩原路送回家，賺點小錢，也幫長輩們在外打拚的兒女們，分擔一些照顧工作。

司機阿伯的出現，讓沈阿姨多一個聆聽的對象，稍微紓解她心中的憂愁。

只是，人的身體總會隨著年紀增長而走下坡，後來沈阿姨因為胃出血加上泌尿道感染而住院。因為身體的不舒服，她出現日夜顛倒、意識混亂的現象，總是板著臉，不理人。醫師判斷是失智退化，以及急性意識變化。

沈阿姨在台北的女兒南下照顧，也請我去看一下。

我一踏入病房，一句話都還沒說，沈阿姨先開口了：「陳醫師，你來啦！我這次來是因為胃很不舒服，泌尿道又感染，我心情很差。可是看到你，我心情好些了。」

見到媽媽心情變好，而且講話內容正確，沈阿姨的女兒明顯鬆了一口氣：「之前我媽或許是生氣了。」

沈阿姨點點頭：「我是真的很生氣！因為你們都自己講自己的。話說完就走，沒人想聽我說話。我就看你們嘴巴一直動，但到底要說什麼，我都搞不清楚。」

於是，我勸沈阿姨的女兒：「**我沒有特別厲害。我只是知道要順著阿姨的個性與狀態來相處。當她反應比較慢，我們講話就慢一點。如果她聽不清楚，我們就靠在她耳邊，慢慢說話。**」

幾天後，阿姨結束療程，出院回家。離開前，她對我說：「我女兒走後這幾年來，我不好過啊，我很憂鬱，但也漸漸理解人生就是很多無奈。除了家人分別，我也漸漸老了，身體愈來愈不好。我知道，我身旁的人很努力地要陪我，只是，大家真的都好忙啊。」

她心底最沉重的傷痕與缺憾

我看著沈阿姨的神情，回想起這些年間，她點點滴滴的變化，最忘不了的，必然是一開始時，她提到的女兒因病去世，她卻事前一點消息都沒有這件事。

我了解這一直是她心底最沉重的傷痕，後續幾年的諸多變化，都和這個缺憾脫不了關係。

我理解面對難關，每個家庭都有各自的想法。有時候獨自面對是一種體貼，但也可能留下來的人，會因為缺少共同承擔的過程，而留下難以抹滅的傷口。

這其中的分寸拿捏，需要家人們以更大的智慧和勇氣來面對，但我相信，**無論如何，開誠布公地溝通是不可或缺的要素。**

溝通的重要，也是照顧年長者過程中最關鍵的一環。

希望當我們面對長輩時，都能體諒他們走過那麼多年的生命歷程，身體與心理上承受了大大小小的耗損。

那麼，就讓我們慢一點、耐心一點，成為他們寂寞晚年中，一絲溫暖的光亮。

醫生的交代愛注意

如何減少兒女（伴侶）離世的傷痛？

1 有些人很內斂，他的傷痛不會哭，也不會說。我記得有一位深愛太太的林伯伯，太太死後半年，沒有慢性病，也沒有癌症的他，卻因為貧血而離世了。他過世後，家人在他的抽屜裡，找到好多太太生前的照片與手帕。

2 **當知道互相扶持的兩個人，其中有一個人可能會先離開，那麼，就需要提前開始加入另一個家人（兒子、女兒、孫子女都可以）**，以免突然間要找人說話，但因為陌生，很多心裡話，還是不知道從何說起。

3 **伴侶（家人）離世的療傷準備，應該從生病時就要開始對話與陪伴，甚至也可以轉移注意力，尋找新的生活重心**（去上課、照顧孫子），才能在伴侶離開後，不至於陷入嚴重的憂鬱，再也無法恢復。

4 身為子女，千萬不要覺得讓爸媽知道自己生病是一種不孝。如果我們突然間過世，讓爸媽無法好好道別，才是一種不孝。

國家圖書館預行編目資料

「這樣安排是為你好！」：照顧父母的25個盲點／陳乃菁著. ——初版. ——臺北市；寶瓶文化事業股份有限公司, 2021.08
面； 公分, ——（Restart；20）
ISBN 978-986-406-243-0（平裝）
1. 老人養護 2. 父母 3. 照顧者 4. 生活指導
544.85 110007425

Restart 020

「這樣安排是為你好！」——照顧父母的25個盲點

作者／陳乃菁 醫師
副總編輯／張純玲

發行人／張寶琴
社長兼總編輯／朱亞君
資深編輯／丁慧瑋　編輯／林婕伃
美術主編／林慧雯
校對／張純玲・陳佩伶・劉素芬
營銷部主任／林歆婕　業務專員／林裕翔　企劃專員／李祉萱
財務主任／歐素琪
出版者／寶瓶文化事業股份有限公司
地址／台北市110信義區基隆路一段180號8樓
電話／(02) 27494988　傳真／(02) 27495072
郵政劃撥／19446403　寶瓶文化事業股份有限公司
印刷廠／世和印製企業有限公司
總經銷／大和書報圖書股份有限公司　電話／(02) 89902588
地址／新北市五股工業區五工五路2號　傳真／(02) 22997900
E-mail／aquarius@udngroup.com

著作完成日期／二〇二一年四月
初版一刷日期／二〇二一年八月
初版二刷日期／二〇二一年八月十八日
ISBN／978-986-406-243-0
定價／三五〇元

愛書人卡

感謝您熱心的為我們填寫，
對您的意見，我們會認真的加以參考，
希望寶瓶文化推出的每一本書，都能得到您的肯定與永遠的支持。

系列：restart 020　書名：「這樣安排是為你好！」——照顧父母的25個盲點

1. 姓名：＿＿＿＿＿＿＿＿　性別：□男　□女
2. 生日：＿＿＿年＿＿＿月＿＿＿日
3. 教育程度：□大學以上　□大學　□專科　□高中、高職　□高中職以下
4. 職業：＿＿＿＿＿＿＿＿
5. 聯絡地址：＿＿＿＿＿＿＿＿＿＿＿＿＿＿＿＿＿＿＿＿

   聯絡電話：＿＿＿＿＿＿＿＿　手機：＿＿＿＿＿＿＿＿
6. E-mail信箱：＿＿＿＿＿＿＿＿＿＿＿＿＿＿＿＿

   □同意　□不同意　免費獲得寶瓶文化叢書訊息
7. 購買日期：＿＿＿年＿＿＿月＿＿＿日
8. 您得知本書的管道：□報紙／雜誌　□電視／電台　□親友介紹　□逛書店　□網路　□傳單／海報　□廣告　□其他
9. 您在哪裡買到本書：□書店，店名＿＿＿＿＿＿　□劃撥　□現場活動　□贈書　□網路購書，網站名稱：＿＿＿＿＿＿　□其他＿＿＿＿＿＿
10. 對本書的建議：（請填代號　1. 滿意　2. 尚可　3. 再改進，請提供意見）

    內容：＿＿＿＿＿＿＿＿＿＿＿＿

    封面：＿＿＿＿＿＿＿＿＿＿＿＿

    編排：＿＿＿＿＿＿＿＿＿＿＿＿

    其他：＿＿＿＿＿＿＿＿＿＿＿＿

    綜合意見：＿＿＿＿＿＿＿＿＿＿＿＿＿＿＿＿＿＿＿＿＿＿＿＿
11. 希望我們未來出版哪一類的書籍：＿＿＿＿＿＿＿＿＿＿＿＿＿＿＿＿

讓文字與書寫的聲音大鳴大放

寶瓶文化事業股份有限公司

（請沿此虛線剪下）

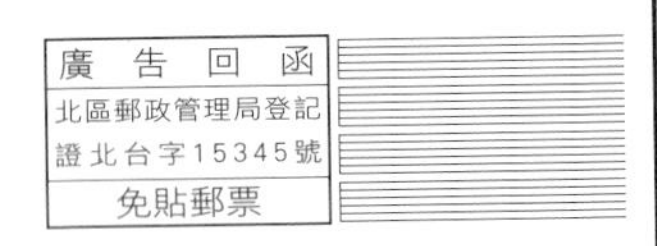

寶瓶文化事業股份有限公司收

110台北市信義區基隆路一段180號8樓

8F,180 KEELUNG RD.,SEC.1,

TAIPEI.(110)TAIWAN R.O.C.

（請沿虛線對折後寄回，或傳真至02-27495072。謝謝）